W0374278

Der Affiliate Geheim-code

Copyright © 2021

Natascha Heistrüvers, Kapuzinerstrasse 17a, 475333 Kleve

Online Unternehmerin und Verkaufsexpertin

Titel: Der Affiliate-Geheimcode

Autor: Natascha Heistrüvers (1. Auflage 2021)

Lektorat: Sara-Duana Meyer, www.saraduana.me

Covergestaltung: Claudia Sperl, www.labelschmiede.com – Bild: © pixabay.com

Layout: Die Bücherklinik

Dieses Werk ist urheberrechtlich geschützt.

ISBN: 9798705552184

Alle Rechte, auch die der Übersetzung, des Nachdrucks und der Vervielfältigung des Werkes oder Teilen daraus, sind vorbehalten. Kein Teil des Werkes darf ohne schriftliche Genehmigung des Verlags in irgendeiner Form (Fotokopie, Mikrofilm oder ein anderes Verfahren), auch nicht für Zwecke der Unterrichtsgestaltung, reproduziert oder unter Verwendung elektronischer Systeme verarbeitet, vervielfältigt oder verbreitet werden. Die Wiedergabe von Gebrauchsnamen, Handelsnamen, Warenbezeichnungen usw. in diesem Werk berechtigt auch ohne besondere Kennzeichnung nicht zu der Annahme, dass solche Namen im Sinne der Warenzeichen- und Markenschutz-Gesetzgebung als frei zu betrachten wären und daher von jedem benutzt werden dürften. Trotz sorgfältigem Lektorat können sich Fehler einschleichen. Die Autorin ist deshalb dankbar für diesbezügliche Hinweise. Jegliche Haftung ist ausgeschlossen, alle Rechte bleiben vorbehalten.

Der Affiliate Geheim-code

Wie du mit Empfehlungen über soziale Netzwerke online Geld verdienst

Natascha Heistrüvers

Inhaltsverzeichnis

Vorwort

Eva Abert

Menschen vernetzen, damit sie gemeinsam etwas Großartiges schaffen können, ist eine meiner großen Leidenschaften. Zusammen geht so vieles leichter und immer entsteht so viel mehr als die Summe der einzelnen Teile. Auch im beruflichen Kontext ist es immer wieder eine Bereicherung, Menschen so zusammen zu bringen, dass sie gemeinsam wachsen, sich unterstützen und gegenseitig von ihren Kompetenzen und Fähigkeiten profitieren können. Genau das habe ich mit Natascha erlebt, mit der ich seit inzwischen mehr als vier Jahren gut und eng zusammenarbeite: Wir unterstützen uns, wir ermutigen uns, wir fördern und fordern uns.

Diese Vision haben wir 2020 in einem gemeinsamen Projekt umgesetzt, in dem wir Menschen dabei helfen, sich neue Einkommenswege aufzubauen, um finanziell frei und unabhängig zu werden.

Natascha hat als Mentorin den Bereich des Affiliate-Marketings übernommen und zeigt meinen und ihren Teilnehmer*innen auf ihre persönliche und mitreißende Weise, wie sie das umsetzen können, ganz ohne aufwendige Technik, nur mit der Kommunikation von Mensch zu Mensch. Und an diesem Wissen lässt sie dich hier in diesem Buch teilhaben.

Ich bin mir sicher, dass du mit und in diesem Buch Inspiration und Mut für deinen eigenen Weg im Affiliate-Marketing finden wirst.

Ich wünsche dir viel Freude beim Lesen.

Deine Eva Abert

Gründerin der Vermögens-Akademie

Kathrin Hamann

Vernetzung mit Stil, das ist Natascha wie sie leibt und lebt.

Mit ihrer Leidenschaft und ihrer Mission überzeugt Natascha und ist für mich ein großes Vorbild. Es macht Freude, mit ihr zusammen zu arbeiten, zu brainstormen und erfolgreiche Projekte umzusetzen.

Natascha habe ich vor drei Jahren kennen gelernt. Natürlich haben wir uns gleich online vernetzt. In vielen Gesprächen habe ich einen Einblick erhalten, wie strukturiert und fokussiert Natascha arbeitet.

Dank ihrer Fähigkeit, sich für neue Projekte zu begeistern und andere Menschen dabei mitzureißen, entstanden viele gemeinsame Projekte, unter anderem das bezaubernde Perlennetzwerk, in dem Natascha zeigt, wie man als Unternehmerin erfolgreich seine eigenen Produkte online verkauft.

Ein weiteres Projekt, an dem ihr Herz hängt, ist der Einkommens-Booster, an dem ich für den Bereich des Buchbusiness mitwirken durfte. Das Thema zusätzliches Einkommen ist für viele Menschen attraktiv und interessant. Es war und ist mir eine Ehre, hier meinen Beitrag leisten zu können.

Aktuell freue ich mich sehr, dass ich an ihrem ersten Buch über den „Affiliate-Geheimcode" aktiv mitwirken darf, und kann verraten, dass in diesem Buch viele wichtige und nützliche Informationen stecken.

Am Ende des Buches wirst du merken, dass Affiliate-Marketing gar nicht so schwer ist.

Viel Spaß beim Lesen!

Deine Kathrin Hamann

Gründern des Schreibkurses

https://www.schreibkurs-online.de/

EIN EIGENER WEG
IST NICHT
VERRÜCKT,
SONDERN MUTIG!

Einleitung

Herzlich Willkommen zum Affiliate-Geheimcode.

Du bist in meiner Welt des Empfehlungsmarketings gelandet, in der organisch von Mensch zu Mensch empfohlen wird, ohne bezahlte Werbung oder komplizierte Technik.

Ich schreibe aus meiner Perspektive als Frau, die es liebt, mit Menschen zu kommunizieren und ihnen bei der Lösung von Problemen zu helfen, aber um Technik lieber einen Bogen macht. Diese Form des Empfehlungsmarketings ist meiner

Meinung nach eine der spannendsten und schnellsten Möglichkeiten, um dir online einen Einkommensweg aufzubauen, der mehr als ein kleiner Nebenverdienst sein darf.

Meine Überzeugung, dass Affiliate-Marketing eine der schnellsten Möglichkeiten ist, online Geld zu verdienen, beruht übrigens auf eigenen Erfahrungen, auf denen meiner Teilnehmer*innen (die mit ihren Hoffnungen und Herausforderungen hier im Buch auch zu Wort kommen) und denen vieler großartiger Kolleg*innen.

Ist es einfach?

Gute Frage. Aus meiner heutigen Perspektive kann ich sagen, es ist einfacher als das meiste, was ich sonst so kenne, wenn du online Geld verdienen möchtest und noch relativ am Anfang stehst.

Dieses Buch bietet kein „Online-erfolgreich-über-Nacht"-Rezept, auch wenn viele der sogenannten Affiliate-Kings oder Gurus dir so etwas gerne weismachen wollen. Aber – Affiliate-Marketing ist eine der einfachsten Möglichkeiten, online ein Zusatzeinkommen aufzubauen, das durchaus später passiv werden kann.

Mit Hilfe meines Buches erkennst du, dass du die kostbare Lebenszeit, die du auf Social-Media-Kanälen verbringst, von nun an parallel dazu nutzen kannst, Geld zu verdienen, statt nur stille*r Mitleser*in zu sein oder dich über die neuesten (wenn auch spannenden) Ereignisse auszutauschen.

An dieser Stelle möchte ich dir einen sehr wichtigen Satz verraten, der meine Arbeit und meinen heutigen Erfolg stark beeinflusst hat und für meinen Weg des Affiliate-

Marketings, den ich in diesem Buch beschreibe, eine große Rolle spielt.

85% deines Erfolges hängen davon ab, welche Türen dir andere öffnen.

Dieser für mich sehr prägende Satz stammt von Brian Tracy, selbst erfolgreicher Autor, bekannter Verkaufstrainer und einer meiner Mentoren.

Und genau dieser Satz spielt beim organischen Affiliate-Marketing, d.h. ohne Einsatz von bezahlter Werbung und herausfordernder Technik, eine Riesenrolle.

Und dass es funktioniert, dafür bin ich ein lebendes Beispiel. Heute bin ich unter anderem durch Affiliate-Marketing da angekommen, wo ich nach der Geburt meines zweiten Kindes hinwollte. Ich arbeite frei und selbstbestimmt, lebe und liebe jeden Tag mein Online-Business, das mir die Möglichkeit bietet, für meine Familie da zu sein.

Im Februar 2019 habe ich den Schritt in die volle Selbstständigkeit und zur Online-Unternehmerin gewagt. Nach vielen Jahren in Anstellungsverhältnissen war dieser Schritt überfällig. Ich habe gezielt darauf hingearbeitet, denn große Entscheidungen brauchen Vorlauf.

Vielleicht hätte ich den Sprung eher wagen sollen, andererseits konnte ich durch mein regelmäßiges Gehalt auf dem Konto ein Jahr lang herausfinden, ob ich wirklich zur Online-Unternehmerin geboren bin und mit der neuen Freiheit klarkomme. Es hört sich für viele verlockend an, selbständig zu sein.

Aber was es wirklich bedeutet, stellt sich erst in der Praxis heraus.

Nachdem ich 2017 verschiedene Einkommensmöglichkeiten der digitalen Welt kennengelernt hatte, habe ich 2018 ein Jahr lang mein Online-Business neben Job und Familie aufgebaut.

„Ein eigener Weg ist nicht verrückt, sondern mutig" war das Motto meiner persönlichen Challenge, die ich im Januar 2018 startete. Als Ziel dieser Challenge hatte ich mir selbst die Aufgabe gestellt, mir im Laufe des Jahres ein zusätzliches Online-Einkommen von mindestens 5.000 Euro aufzubauen. Unter anderem mit Affiliate-Marketing.

Denn im Dezember 2017 hatte ich zum ersten Mal dieses „Katsching" (es ist das Geräusch einer Kasse) auf meinem Handy gehört. Es war der Moment, als jemand bei Digistore24 (ein Online-Marktplatz, über den ich auch meine eigenen Produkte verkaufe) ein Produkt kaufte, das ich empfohlen hatte. Mein erster Online-Verdienst von sage und schreibe 20,79 Euro.

Glaube mir, in dem Augenblick war mir, als wenn Geld vom Himmel regnet. Ich hatte den Beweis, dass auch ich online Geld verdienen kann.

Bei Digistore24 war ich sogar bereits einmal während meines Businessaufbaus 2018 zu einem Interview für „Women with Vision" eingeladen. Dies gilt in der Szene als Ritterschlag und hat viele auf mich aufmerksam gemacht. Leider ist das Interview bis heute nicht veröffentlicht worden, da die beste Kundenklientel immer noch Männer sind. Aber ich und andere arbeiten daran, dass sich das zukünftig ändert. Du wirst sehen ;)

Mein persönlicher Fokus geht immer mehr dahin, Menschen zu zeigen, wie sie stilvoll und erfolgreich online Geld verdienen können. Entweder mit eigenen Produkten und Dienstleistungen als Coach, Trainer*in oder Berater*in. Oder als sogenannter Closer oder mit Affiliate-Marketing. Für beides brauchst du keine eigenen Produkte.

Als Affiliate empfehle ich auf verschiedenen Wegen die meist digitalen Produkte anderer Unternehmer*innen und beim Verkauf werde ich, in der Regel automatisiert, honoriert.

Als Closer führe ich für andere Coaches, Trainer*innen und Berater*innen die Verkaufsgespräche mit Interessent*innen und prüfe gemeinsam mit ihnen, ob das Programm zu ihnen und ihrer Herausforderung passt. Und im Erfolgsfall verdiene ich an der Vermittlung.

Mein nächstes großes Ziel ist, noch mehr Menschen zu zeigen, dass stilvolles Verkaufen auch in der heutigen digitalen Zeit der Schlüssel zur erfolgreichen Kundengewinnung ist.

Klingt spannend? Ist es auch. Und gleichzeitig lukrativ.

Beide Bereiche sind bei mir inzwischen stabile Säulen meines Einkommens geworden. Und das Affiliate-Marketing möchte ich dir in diesem Buch näher vorstellen, damit du für dich entscheiden kannst, ob es auch für dich etwas ist.

Ich kann nur sagen, ich liebe es. Und jeden Tag entwickle ich mich ein Stück weiter in die Richtung, die für mich bestimmt ist und in der ich immer mehr das bin, weswegen ich in diesem Leben auf der Welt bin.

Mit diesen Zeilen möchte ich dir ganz viel Mut machen. Wir haben nur dieses eine Leben, also mach das Beste daraus. Wenn ich es geschafft habe, kannst du es auch!

Denk immer daran: Ein eigener Weg ist nicht verrückt, sondern mutig!

Ich wünsche dir von ganzem Herzen viel Spaß beim Lesen und vor allem viel Erfolg beim Umsetzen!

Alles Liebe

Deine Natascha

Hier findest du mich:

https://naschaheistruevers.com/

Unter diesem Namen findest du mich auch auf Facebook, LinkedIn, Instagram und auf YouTube.

Als persönliches Dankeschön für den Erwerb meines Buches, möchte ich dir zusätzlich das Workbook schenken, das sonst nur die Teilnehmer*innen meines Kurses bekommen.

Im Workbook findest du den genauen Zeitplan, um Schritt für Schritt in 3 Monaten mit Empfehlungen Geld zu verdienen.

Den Link zum Workbook findest du am Ende des Buches.

Der Affiliate-Geheimcode

Dein Einstieg ins Affiliate-Marketing, wenn du keine Lust auf komplizierte Technik und teure Werbeanzeigen hast.

Mit diesem Geheimcode ist es möglich, dir nach und nach ein regelmäßiges, monatlich drei- bis vierstelliges Zusatzeinkommen aufzubauen.

Im Grunde brauchst du mit meiner Methode nur eines: eine aktive Präsenz auf einem Social-Media-Kanal. Jeder eignet sich auf seine individuelle Weise. Ich selbst benutze aktuell vor allem Facebook, aber jeder andere Kanal geht auch.

Die wichtigsten Voraussetzungen:

Du bist bereit, mit Menschen zu kommunizieren, auf mindestens einem Social-Media-Kanal präsent zu sein und regelmäßig zu interagieren und meine Anleitung Schritt für Schritt und mit Freude umzusetzen.

Am Ende dieses Buches weißt du, wie es möglich ist, mit Affiliate-Marketing ein zusätzliches Einkommen aufzubauen. Ob du es tust, liegt an dir.

Den Anspruch auf die ultimative Erfolgsformel erhebe ich nicht. Ich kann aber aufgrund der Ergebnisse aus meinem begleiteten Programm sagen, dass einige meiner Teilnehmer*innen innerhalb eines Monats ihre ersten Einnahmen feiern konnten.

Aber: jeder Mensch ist so individuell wie die Weise, auf die Affiliate-Marketing für ihn funktionieren kann. Erfolgreich damit Geld zu verdienen ist definitiv möglich. Vorausgesetzt, du bist bereit, die Empfehlungen in diesem Buch kontinuierlich ab heute umzusetzen.

Doch nun lass' uns loslegen. Zur besseren Übersicht habe ich eine Checkliste vorbereitet, die dir nach jedem Kapitel deinen Fortschritt zeigt.

Das erwartet dich im Affiliate-Geheimcode:

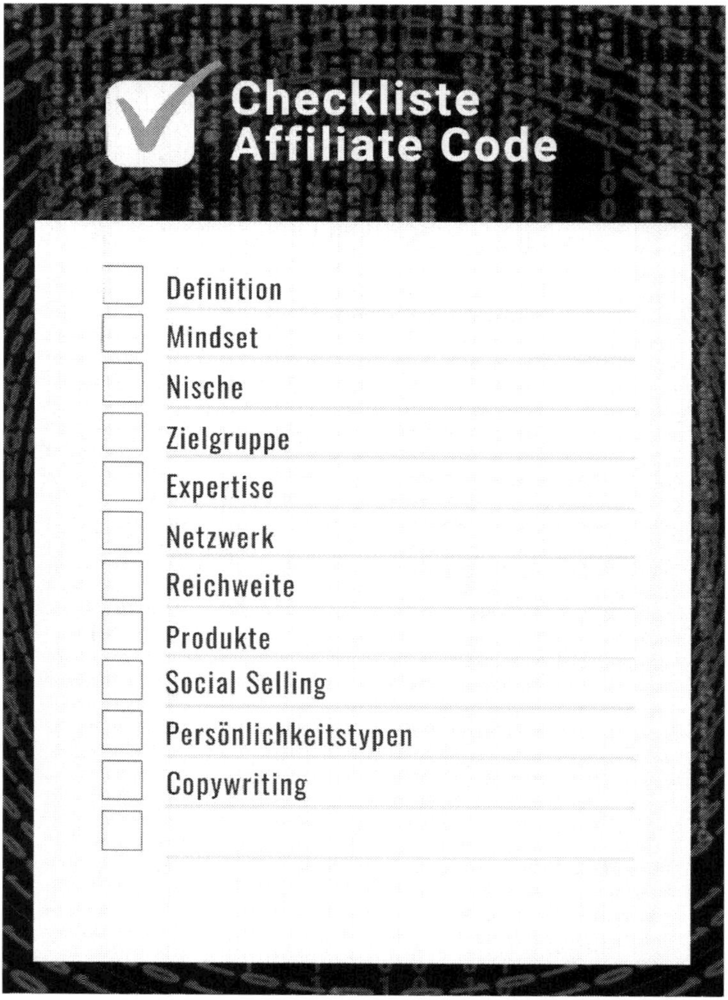

Was ist denn nun Affiliate-Marketing?

Wenn ich für Affiliate-Marketing eine Definition finden müsste, würde ich sie folgendermaßen formulieren:

Beim Affiliate-Marketing verdient man eine Empfehlungsprovision, wenn jemand ein (digitales oder physisches) Produkt kauft, das man als Affiliate-Partner*in für andere Personen oder Unternehmen (sogenannte Vendoren) beworben hat.

Einfacher ausgedrückt, wenn du ein Produkt findest, das dir gefällt, bewirbst du es und wirst am Verkaufsgewinn beteiligt.

Es kann aber auch andersherum sein. Ein*e Unternehmer*in stellt ein Produkt her oder bietet eine Dienstleistung an und bittet dann Externe darum, das Produkt für eine Gewinnbeteiligung (einen sogenannten Share) zu bewerben.

Hier ist ein Beispiel des wohl bekanntesten Online-Versandhandels Amazon:

Ein Unternehmen bietet Produkte auf Amazon an. Amazon möchte gerne mehr Produkte verkaufen, also bitten sie Leute wie dich und mich darum, ihre Produkte zu bewerben und zu verkaufen.

Wenn du diese Produkte bewirbst und andere sie auf deine Empfehlung hin kaufen, wirst du mit einem Anteil am Umsatz beteiligt und erhältst eine Provision.

Klingt immer noch kompliziert?

Ich erkläre diese ménage à trois gerne so:

Da ist zunächst ein*e Anbieter*in des Produktes, der Vendor bzw. Händler*in.

Der Händler, Vendor oder die Anbieterin kann ein*e Produkthersteller*in, Verkäufer*in oder eine Marke sein. Meistens ist es das Unternehmen, das das Produkt herstellt. Jede Art von Unternehmen kann ein*e Anbieter*in sein.

Zum Beispiel Apple. Die Firma kennst du vermutlich, oder? Apple produziert und verkauft elektronische Produkte.

Dann ist da ein*e Affiliate-Partner*in.

Diese*r empfiehlt die Produkte des Anbieters oder der Händlerin. Das kann sowohl eine Privatperson als auch ein Unternehmen sein. Ein*e Affiliate-Partner*in bewirbt die ausgewählten Produkte und generiert je nach angebotenem Produkt und der Anzahl der gewonnenen Kund*innen dafür anteilig Umsatz.

Gewinnst du viele Kund*innen, machst du entsprechend Umsatz.

Wenn du beispielsweise einen gut besuchten Blog hast, kannst du viel Gewinn machen. Das Affiliate-Marketing wird aber nicht nur von Blogs genutzt. Es gibt auch Webseiten, die den Fokus auf Affiliate-Marketing legen und ausschließlich die Produkte und Angebote anderer teilen. Es gibt YouTube-Kanäle, auf denen ausschließlich Produkte anderer empfohlen werden.

Sag den Käufer*innen, dass du einen kleinen Anteil verdienst, wenn sie etwas kaufen. Für dich fühlt es sich bestimmt besser an, transparent zu sein. Für die Käufer*innen macht es das Produkt nicht teurer und viele finden es gut, wenn Empfehlungsgeber*innen, denen sie vertrauen, einen kleinen Anteil bekommt.

Dritte*r im Bunde ist der Käufer oder die Käuferin des empfohlenen Produktes. Ohne Käufer*innen gibt es keine Provision. Und ohne Provision gibt es keinen Umsatz für Empfehlungsgeber*innen.

So wie ich es sehe, wird durch meine Empfehlung eine echte Win-Win-Win Situation geschaffen.

Ein*e potentielle Kund*in steht vor einer Herausforderung, für die er oder sie eine Lösung sucht. Durch aktives Zuhören kann ich entscheiden, ob ich eine passende Lösung habe. Wenn ich eine habe und es zum Kauf kommt, freuen sich alle drei.

- Die Hersteller*innen möchten neue Kund*innen gewinnen und bitten Empfehler*innen um die Verbreitung ihrer Produkte
- Die Kund*innen suchen eine Lösung und werden erst durch die Empfehler*innen auf das Produkt aufmerksam
- Die Empfehler*innen empfehlen das Produkt der Hersteller*innen und bekommen bei Erfolg eine Provision

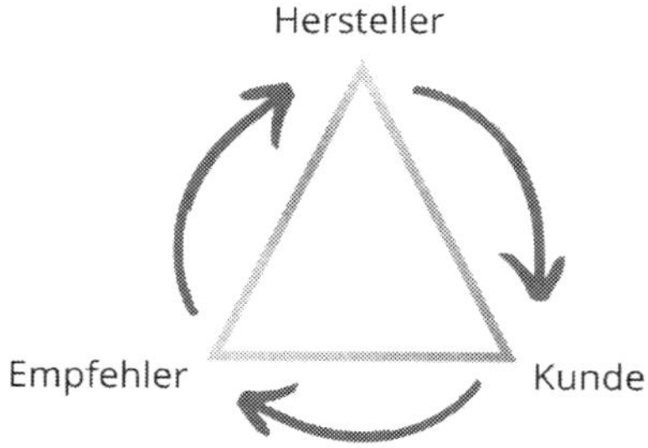

Der Kreis kann auch andersherum interpretiert werden.

- Die Empfehler*innen empfehlen Interessent*innen ein Produkt und es wird gekauft
- Die Interessent*innen werden dadurch zu Kund*innen von Hersteller*innen, auf die sie ohne die Empfehler*innen nicht aufmerksam geworden wären
- Die Herstelle*innen des Produktes zahlen den Empfehler*innen eine Provision für die Kund*innen

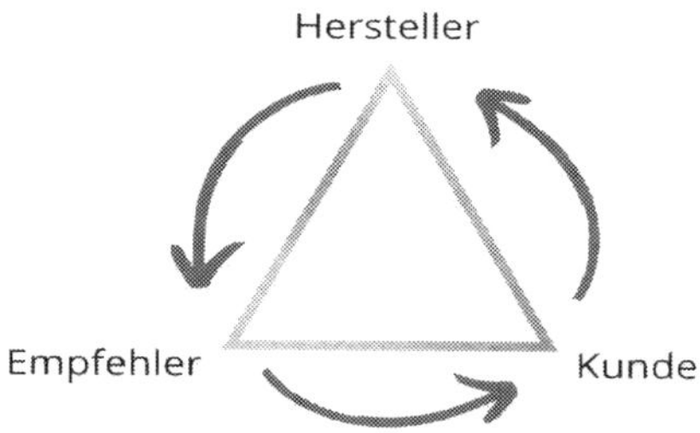

Wie herum spielt keine Rolle, viel wichtiger ist, dass es sich um Win-Win-Win Situationen handelt.

Dein Fortschritt: Jetzt weißt du, was Affiliate-Marketing ist und wie es funktioniert.

Gratuliere! Diese Punkte hast du bereits geschafft!

Weiter geht's.

Nur das richtige Mindset bringt dich zum finanziellen Erfolg

Vielleicht hast du das Wort Mindset inzwischen schon so oft gehört, dass es dir zu den Ohren raushängt. Oder du fragst dich, was das eigentlich ist?

Nun, dann möchte ich es dir wie folgt erklären. Das Mindset beschreibt deine Denkweise, deine persönlichen Überzeugungen und Verhaltensmuster. Also deine innere Haltung zu Dingen, die du wahrnimmst.

Um es dir an einem konkreten Beispiel zu erklären:

Was denkst du über das Thema Geld?

Kommen bei dir positive Assoziationen hoch?

Sagst du, dass Geld dir guttut und dich glücklich macht? Dass es dir hilft, dein Traumleben zu leben und anderen Menschen zu helfen?

Oder tauchen Gedanken auf wie „Geld ist schlecht“, „es verdirbt nur den Charakter“, „Menschen mit viel Geld sind keine guten Menschen“ und „Geld macht nicht glücklich“?

Du merkst, worauf ich hinaus möchte, oder?

Es ist entscheidend, was für einen Blickwinkel du auf ein Thema hast. Hast du zum Beispiel eine positive Einstellung zum Thema Geld, wird es eher bei dir bleiben, als wenn du es negativ betrachtest. Klingt seltsam? Ist es aber gar nicht, das zeigt sich immer wieder an dem Gesetz der Anziehung. Wie du drauf schaust, nimmst du wahr.

Genauso spielen deine Gedanken im Bezug auf Empfehlen eine entscheidende Rolle:

Wie fühlst du dich, wenn du dir vorstellst anderen Menschen etwas zu empfehlen?

Fühlt es sich gut an, weil du mit einer guten Empfehlung anderen Menschen bei der Lösung ihrer persönlichen Probleme helfen kannst?

Oder kommen in diesem Augenblick Gedanken hoch wie: „Ich kann doch niemandem etwas empfehlen, was Geld kostet!“ Oder: „Was werden die Käufer*innen denken, wenn sie nicht das Ergebnis bekommen, das sie wollten?“

Im zweiten Fall sollten wir gemeinsam daran arbeiten, wenn du mit Empfehlungen Geld verdienen möchtest.

Mache folgende Aufgabe:

Notiere dir zunächst deine Glaubenssätze und Gedanken zum Thema Empfehlen.

Beispiel:

„Ich kann doch nicht einfach jemandem etwas empfehlen, wenn ich nicht sicher bin, dass es der Person das gewünschte Ergebnis bringt.“

Ich habe eine Frage an dich:

Was tust du, wenn ein Freund einen Arzt oder eine Ärztin sucht?

Gibst du ihm den Tipp, dass er es bei den Ärzt*innen versuchen sollte, mit denen du zufrieden bist? Oder denkst du, ich rate ihm lieber nichts, nachher ist er dort unzufrieden und nimmt mir das übel?

Eher das erste, oder?

Weißt du, du kannst nie die Garantie für etwas übernehmen. Du kannst aber Dinge reinen Gewissens tun, um anderen zu helfen.

Deshalb zurück zu meinem Beispiel: Du hast das Gefühl, du kannst anderen Menschen nicht einfach etwas empfehlen, wenn du nicht sicher bist, dass es der Person das gewünschte Ergebnis bringt.

Diesen Gedanken drehst du nun um, zum Beispiel: Warum kann meine Empfehlung für andere Menschen hilfreich sein? Wie der Arzt, der deinem Freund vermutlich helfen wird.

Sei kreativ, lass deinen Argumenten freien Lauf. Frage deine Freund*innen und Kolleg*innen, ganz gleich ob aus dem echten Leben oder in deinen sozialen Netzwerken, wofür sie dich wertschätzen und wozu sie dich um Empfehlungen fragen würden.

Ergänze diese Antworten gerne immer wieder und richte den Fokus darauf, warum Menschen eine Empfehlung von dir brauchen und wie du ihnen damit helfen kannst.

Tägliche Wiederholung hilft dir hier sehr, dein Mindset zu trainieren und dir bewusst zu werden, dass Menschen sich über gute Empfehlungen freuen.

Meinst du, mir ging es am Anfang besser? Eher nicht. Ich war vermutlich die Meisterin der Selbstzweifel!

Um dir Mut zu machen und dich zu motivieren, habe ich dir im Folgenden die Aussagen meiner Kursteilnehmer*innen zusammengefasst. Vielleicht erkennst du dich darin wieder?

Ich möchte dir damit zeigen, dass der Anfang für alle eine Herausforderung ist und es nur durch kontinuierliches Tun besser wird. Meine Antworten werden dir hoffentlich helfen.

„Ich habe Schwierigkeiten mit dem Thema Mindset. Ich finde das ziemlich frustrierend, weil ich Probleme habe, meine lang verhafteten Glaubenssätze aufzulösen und immer in dasselbe Muster zurückfalle.

Es gibt ein Produkt, das ich verkaufen will, und ich bin mit Feuer und Flamme dabei.

Dann gehe ich in den Verkaufsmodus und stoße auf die ersten Skeptiker*innen. Ich mache weiter und weiter und weiter, aber es kauft keiner.

Am Ende habe ich selbst Schwierigkeiten, den Produktnutzen noch zu erkennen. Ab da bin ich mein größter Kritiker und zweifle. Ich bin eigentlich nur noch damit beschäftigt, mich selbst zu überzeugen, aber eigentlich glaube ich gar nicht mehr an das Produkt.

Dann gebe ich meistens auf und es stellt sich eine Erleichterung ein, weil ich mich endlich entschieden habe und nicht mehr krampfhaft versuchen muss, dieses Produkt an die Leute zu bringen.

Wenn ich dann später einfach mal so zufällig über das Produkt erzähle, ist die Resonanz der Menschen besser. Dann stelle ich fest, so hätte ich vielleicht verkaufen können, aber dann ist es zu spät."

Mein Feedback:

Du solltest als erstes den Gedanken in die zweite Reihe stellen, etwas verkaufen zu wollen. Du sprichst und agierst mit Menschen, die eine Lösung suchen.

Und was wollen wir alle nicht? Wir wollen nichts verkauft bekommen. Mich eingeschlossen! Die meisten von uns lieben es aber zu kaufen. Schaffst du es, mir deine echte Begeisterung zu zeigen und echten Mehrwert zu bieten, dann bin ich on fire.

Der erste Schritt ist also nach meinem Ansatz nicht, Menschen mit einem Angebot zu überrumpeln, sondern zu schauen, ob und wie du ihnen helfen kannst.

Setz dich nicht knallhart unter Druck. Denkst du, bei mir hat es auf Knopfdruck geklappt? Definitiv nicht. Aber jede Kommunikation mit Interessenten lässt dich dazu lernen. Jedes Nein führt dich näher zum Ja.

Und du hast es selbst schon erkannt. Den Druck, den du dir selbst machst, spürt dein Gegenüber intuitiv. Sprichst du zufällig bzw. beiläufig von dem Produkt, kommt es ganz anders an. Genau das ist der Schlüssel für dich. Zu lernen, dass du den anderen helfen willst und ihnen echte Lösungen geben kannst.

Das waren weitere Bedenken meiner Kursteilnehmer*innen:

„Mir geht es beim Affiliate-Marketing so: wenn ich mir meine ganzen Einwände ansehe, frage ich mich, ob es überhaupt schlau ist, das zu professionalisieren. Ich habe zwar überzeugende Gegenfragen gefunden, aber komme mir vor, als ob ich mich selbst überlisten will. Und ich bin kein Mindset-Anfänger."

Mein Feedback dazu:

Dranbleiben ist die einzige Lösung. Die alten Muster wirst du dann jeden Tag ein Stück mehr loslassen. Das Bewusstsein bzw. das eigene Ego ist im Laufe der Jahre stark geworden und will festhalten. Es geht jetzt darum, neue Verhaltensmuster aufzusetzen und als dein neues Normal zu integrieren.

Ich weiß selbst, dass es für viele schwer ist, geduldig zu bleiben. Am liebsten würden wir am Gras ziehen, damit es schneller wächst. Das klappt leider nicht. Also bleibe mit dir selbst geduldig und mache kontinuierlich den nächsten Schritt.

Diese Übungen kannst du fortlaufend wiederholen, denn nur Wiederholung ist der Garant, dass dein Mindset von Tag zu Tag wächst.

Ich hoffe, diese Überlegungen helfen dir weiter und du kannst folgenden Punkt auf der Checkliste für dich abhaken.

„Du musst bereit sein die Dinge zu tun, die andere niemals tun werden, um die Dinge zu haben, die andere niemals haben werden."
(Les Brown)

Gratuliere! Diese Punkte hast du bereits geschafft!

Weiter geht's.

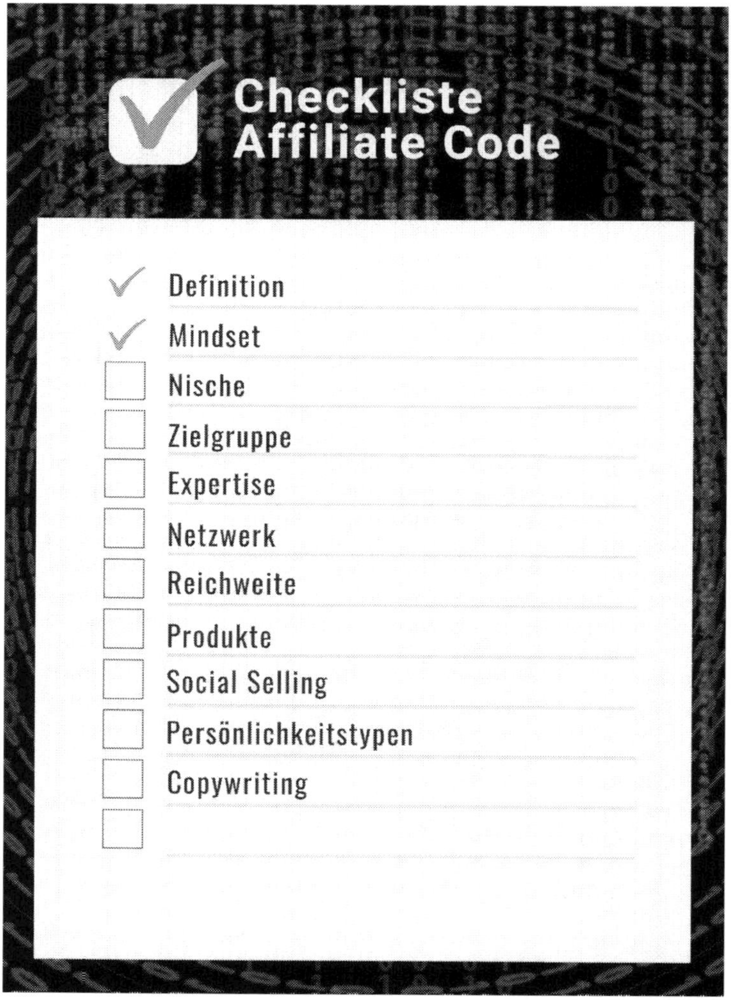

Brauchst du wirklich eine Nische?

Jeder sagt dir im Affiliate-Marketing: „Finde Deine Nische." Aber was heißt das überhaupt? Und vor allem, wie findest du (d)eine Nische? Zwei grundlegende Fragen, die ich dir in diesem Kapitel gerne beantworten möchte.

Zunächst dazu, was ist eine Nische denn nun?

Natürlich hat jeder schon mal den Begriff Nische gehört und weiß ungefähr was das ist, deshalb möchte ich dir den Begriff aus meiner eigenen Sicht genauer definieren. Immerhin habe ich vor gefühlter Ewigkeit BWL studiert und möchte mit meinem ganzen theoretischen Wissen endlich mal was Praktisches erklären.

Eine Nische ist einfach nur ein Ausschnitt aus dem gesamten Markt, in dem es eine Angebots-Nachfrage gibt, die jedoch von der Konkurrenz noch nicht befriedigt oder vollständig gesättigt worden ist. Sprich, seine Nische finden heißt, den Ausschnitt des Marktes zu finden, der dir liegt und in dem du dein Geld verdienen möchtest.

Das Finden einer geeigneten Nische ist für die meisten Anfänger*innen mit der schwierigste Aspekt, und da gehe ich gleich drauf ein.

Nachdem wir geklärt haben, was eine Nische ist, stellt sich jetzt natürlich die Frage, ob es heutzutage überhaupt noch möglich ist, Nischen zu finden? Gerade als Anfänger*in im Affiliate-Marketing beschäftigt dich diese Frage, denn schließlich willst du deine Zeit vermutlich zielgerichtet einsetzen.

An dieser Stelle kann ich voller Überzeugung sagen, dass es online genug Möglichkeiten gibt, profitable Nischen zu finden, die man bequem monetarisieren kann!

Vor allem nach meiner Methode, die am Anfang nicht auf technische Umsetzung wie Webseitenaufbau oder bezahlte Werbung setzt, sondern vor allem darauf, sich mit Menschen in den sozialen Netzwerken zu verbinden und von Mensch zu Mensch auf Augenhöhe auszutauschen. Viele unterliegen dem Irrtum, dass andere sie schon irgendwie finden und automatisch ihre Produkte kaufen werden.

Deshalb ist am einfachsten, deine Präsenz in den sozialen Netzwerken gleich zu deiner Nische auszubauen. Vielleicht ist dir deine Nische bereits glasklar, dann kannst du die nächsten Punkte überspringen.

Wenn nicht, lass uns einmal Schritt für Schritt überlegen, wie du deine Nische findest. Los geht's!

Zunächst die Antwort auf die zweite Frage. Wie findest du (d)eine Nische?

Anfangen würde ich ganz einfach. Erst einmal bewaffne dich mit Stift und Papier, ohne Laptop oder Internet. Setze dich in deinen Lieblingssessel oder ins Café, mache einen Spaziergang oder mache etwas anderes, bei dem du dich entspannen kannst.

Beginne nun mit einem schnellen Brainstorming. Schreibe dir dabei alle (wirklich ALLE) Ideen auf, die dir spontan in den Kopf kommen – versuche nichts zu erzwingen. Auch hier kommen Ideen nicht immer sofort. Oft fällt dir kurz vorm Einschlafen etwas ein, auf das du den ganzen Tag nicht gekommen bist.

Versuche einen freien Kopf zu bekommen und für einen Moment all deine offenen To-Dos und aktuellen Affiliate-Marketing Aktivitäten zu vergessen. Diese Pflichten lenken dich in dieser Phase der Kreativität nur ab!

Vor allem mache Pausen. Ich zum Beispiel habe immer Stift und Zettel parat, um mir spannende Impulse aufzuschreiben, oder ich diktiere sie ins Handy. Denn glaube mir, im alltäglichen Familientrubel ist die beste Idee nach fünf Minuten komplett aus meinem Kopf raus. Und kehrt vielleicht auch nie wieder zurück.

Frage Familie, Freund*innen und Bekannte

Nach der ersten Sammlung solltest du nun Freund*innen und Bekannte nach Ideen fragen. Setze dich und die anderen nicht unter zeitlichen Druck. Dein Ziel ist es, eine für dich passende und lukrative Nische zu finden. Diese bildet das Fundament für all deine weiteren Schritte und entscheidet, ob du Erfolg haben wirst oder nicht!

Hole dir Fachzeitschriften und Magazine zur Unterstützung

Als Nächstes solltest du dich in Fachzeitschriften umschauen. Anzeigen, Artikel und Bilder können uns nämlich extrem gute Ideen liefern. Als Beispiel möchte ich hier auf Modehefte eingehen. Nehmen wir zum Beispiel etwas zum Thema Fashion (früher wäre das mein Thema gewesen, da ich mehrere Jahre in der Modeindustrie gearbeitet habe). Schon auf den ersten Seiten findest du Anzeigen zu verschiedenen Marken und Designer*innen, Models, Trendfarben, Styles, Schnitten oder, oder, oder... Alles Ideen und mögliche Nischen, die du dir aufschreiben kannst.

Deine persönlichen Hobbies, Interessen und Stärken

Bevor du deine bisher gesammelten Punkte ordentlich in einer Datei zusammenfasst, solltest du dir noch alle deine Hobbys, deine Vorlieben und deine Interessen aufschreiben, also alle Dinge, die dich inspirieren und begeistern.

Wenn du nicht sicher bist, stelle dir Fragen:

- Was interessiert mich?
- Worin bin ich gut?
- Wofür bekomme ich Komplimente?
- Wozu fragen mich andere Menschen um Rat?
- Worüber kann ich stundenlang sprechen, ohne dafür Geld zu bekommen?

Und nun: versuche aus diesen Punkten Nischenideen für dich zu formulieren.

Am Anfang ist es wichtig, nicht zu breit aufgestellt zu empfehlen. Wenn du heute ein Finanzprodukt, morgen eine Nahrungsergänzung und übermorgen ein Fitnessgerät empfiehlst, verunsicherst du die Leute, besonders zu Anfang.

Die Nische ist übrigens nicht in Stein gemeißelt, sondern kann sich im Laufe der Zeit verändern.

Als Inspiration habe ich für dich große Nischen zusammengestellt, mit Produkten, die fast jeder will, die nie an Nachfrage verlieren und folglich auch am meisten Geld einbringen.

Die drei Bereiche finanzieller Wohlstand, Liebe, Gesundheit & Beauty sind die lukrativsten Nischen. Fast jeder Mensch wünscht sich genügend Geld, eine*n Partner*in und ist bereit in Gesundheit bzw. Schönheit zu investieren.

Genau aus diesem Grund sind diese Nischen so erfolgreich und werden es auch bleiben. Was sich jedoch im Laufe der Zeit verändert, sind die Unter- oder Subnischen dieser Bereiche. Ich stelle dir aktuell bewährte Nischen vor.

Online-Marketing (meine Lieblingsnische, wie du dir vielleicht denken kannst)

Online-Marketing war bereits eine umsatzstarke Nische und hat durch Corona sicherlich eine neue Dimension erreicht. Für viele eignet sich diese Wahl ganz besonders, da man im Grunde über seine eigenen Erfahrungen berichten kann. Viele dokumentieren in den Produkten ihren eigenen Weg, zum Beispiel zum Thema Affiliate-Marketing, und teilen, was für sie funktioniert hat und was nicht.

Das macht Online-Marketing zu einer Top-Nische, da es sich um eine klassische Win-Win-Situation im Zusammenspiel mit den Kund*innen dreht.

Eine weitere sehr spannende und sehr profitable Subnische ist Online-Business-Aufbau, denn immer mehr Firmen merken, dass es zukünftig einfach nicht mehr ohne gehen wird.

Gesundheit, Wellness und Beauty

Vermutlich die profitabelste Nische der Welt, da sie sehr viele Subnischen enthält. Ein großer Vorteil dieser Nische ist, dass es eine schier endlose Auswahl an Themen und Produkten gibt, über die du sprechen und sie vermarkten kannst. Allerdings musst du in dieser Nische aufpassen, dass du deine Zielgruppe abholst und gezielt ansprichst, denn sonst wird es zu breit und keiner fühlt sich angesprochen. Wenn du als Subnische etwa Abnehmen und Diäten gewählt hast, kannst es noch weiter verfeinern, indem du beispielsweise Lowcarb wählst.

Dating und Partnerschaft

Eine weitere sehr starke Nische dreht sich um Partnerschaft und Sexualität. Fast jeder Mensch wünscht sich Intimität und Zweisamkeit und sehr viele sind auf der Suche nach ihrem Traumpartner oder ihrer Traumpartnerin. Nicht umsonst ist Tinder so erfolgreich.

Aufstrebende und vor allem zeitlose Subnischen, die viel Geld machen, sind in diesem Bereich Themen wie Dating, Verbesserung des Sexlebens, Beziehungen retten und wie man seine*n Ex-Partner*in zurückgewinnt. Diese Nischen gehören definitiv zu denen, die auf absehbare Zeit niemals an Interesse und Zulauf verlieren werden, da sie aktuell bleiben, solange es Menschen gibt.

Gaming und Computerspiele

Eine Nische, die nicht wirklich neu ist, aber in letzter Zeit rasant wächst. Facebook und Co tragen dazu bei. Das hat zum einen mit der stetig wachsenden Zahl an Spielen für alle Ziel- und Altersgruppen zu tun. Und zum anderen liegt es an der Geburt der „E-Sports“, also professionellem Gaming, mit dem die Spieler*innen wirklich Geld machen und sich ihren Lebenserhalt verdienen. Die Möglichkeiten der Vermarktung sind sehr vielfältig, von Strategien über Hardware kannst du theoretisch alles thematisieren.

Glücksspiel und Online-Casinos

Eine etwas neuere Nische, die zwar nicht für den deutschen Markt geeignet ist, aber stetig an Marktanteilen gewinnt. Online-Casinos sprießen zurzeit überall aus dem virtuellen Boden, aber durch die fehlende Möglichkeit in Deutschland gehe ich hier nicht näher drauf ein.

Dein Fortschritt: Im Idealfall hast du nun deine erste Nische gefunden. Vielleicht war sie bereits glasklar, oder du hast gründlich recherchiert und sie durch Umfragen in deinem Umfeld herausgefunden. Und denke daran, sie ist nicht in Stein gemeißelt.

Gratuliere! Diese Punkte hast du bereits geschafft.

Weiter geht's.

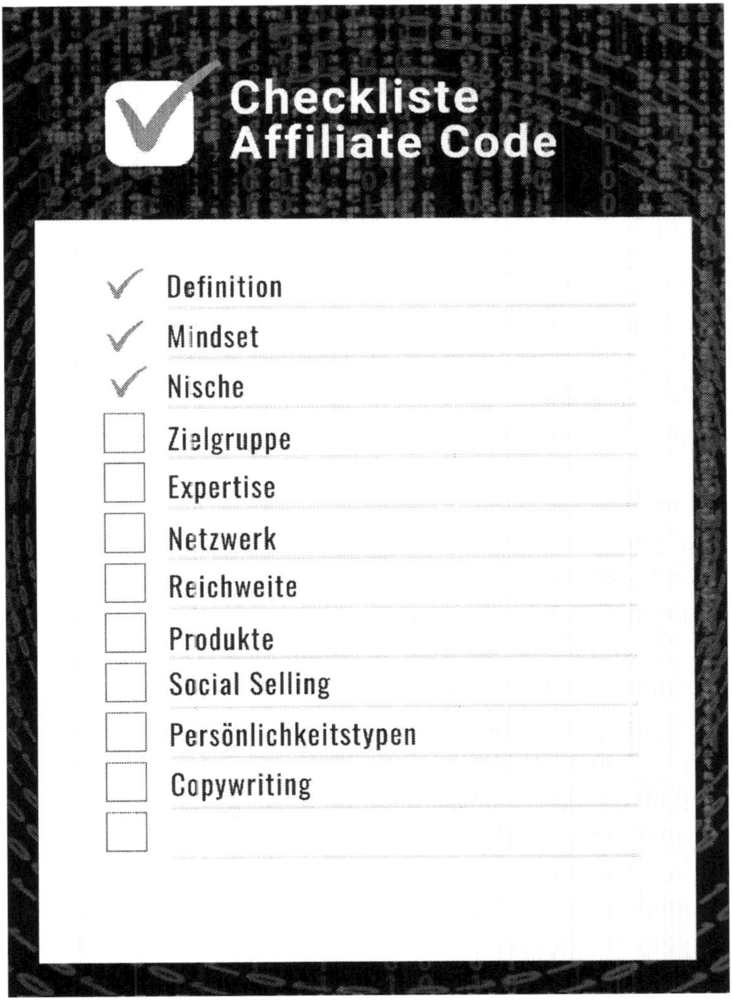

Wer ist deine Zielgruppe?

Jetzt geht's an Eingemachte, denn wir beschäftigen uns mit den Menschen, die von dir empfohlene Produkte kaufen sollen.

Nun ein wenig Psychologie. Warum kaufen Menschen etwas?

Weil man sie dazu überredet? Eher selten. Denn wie schon mal erwähnt, wie wollen nichts verkauft bekommen, wir lieben es aber zu kaufen. Vor allem, wenn wir gut beraten wurden. Meistens kaufen Menschen das, was ihre Probleme löst oder ihre Wünsche befriedigt.

Wenn du als Affiliate also weißt, welche Probleme bestehen und was die Interessent*innen sich wünschen, dann kannst du das dazu passende Marketing machen.

Und am besten findest du Probleme und Wünsche heraus, indem du dir anschaust, welche Fragen von deiner Zielgruppe gestellt werden.

Doch das klingt erstmal einfacher, als es ist. In der Regel stehst du ihnen nicht persönlich gegenüber. Jetzt kommt Social Media wieder ins Spiel.

Wem möchtest und kannst du helfen? Lerne diese Menschen kennen. Definiere deine Zielgruppe und den Mehrwert, den du ihnen bietest.

Tritt Gruppen bei, besuche Foren, kommuniziere mit Mitgliedern. Welche Sprache sprechen sie, welche Keywords nutzen sie?

Recherchiere zum Beispiel auf Facebook oder LinkedIn neue und aktive Gruppen, werde Mitglied und kommuniziere und verbinde dich mit anderen Mitgliedern – sowohl aktiv in Diskussionen als auch im persönlichen Austausch über den jeweiligen Messenger.

Du musst an dieser Stelle herausfinden, welchen Menschen du wirklich helfen kannst und möchtest. Eine Möglichkeit kann sein, auf Google zu suchen oder beispielsweise auf Amazon sogenannte Key- oder Schlüsselworte einzugeben und zu prüfen, was Menschen zu diesem Begriff in die Rezensionen schreiben. Was haben sie erwartet? Was haben sie bekommen? Welche Worte nutzen sie häufig in diesem Zusammenhang?

Wenn du dich, wie in diesem Buch, mit dem Thema Affiliate-Marketing und Möglichkeiten online Geld zu verdienen beschäftigst, kannst du auch auf deinen Social-Media-Kanälen suchen. Gruppen sind da eine hervorragende Gelegenheit, sich mit Gleichgesinnten auszutauschen. Denn in Gruppen sind Menschen, die gleiche Interessen haben, ähnliche Ziele verfolgen und genau zu diesem Thema eine Lösung suchen. Schau einfach mal in den Suchfeldern deines sozialen Netzwerks nach spannenden Communities rund um das Thema Geld verdienen, oder konkreter noch zum Thema Affiliate-Marketing.

Benutze Worte, die immer wieder verwendet werden. Dabei spielt es keine Rolle, ob du das in deinem Posting, via Messenger oder in einem Gespräch machst. Sie werden sich angesprochen fühlen.

Was kannst du direkt umsetzen?

Definiere deine Zielgruppe und den Mehrwert, den du ihnen bieten kannst. Überlege dir, wo du diese Zielgruppe in den sozialen Netzwerken findest und halte dich da auf, indem du zum Beispiel Gruppen beitrittst. Verbinde dich mit Menschen und baue mit ihnen ein gemeinsames Netzwerk auf. Wie das geht, das erfährst du im Kapitel zum Netzwerk.

Gratuliere! Diese Punkte hast du bereits geschafft!

Weiter geht's.

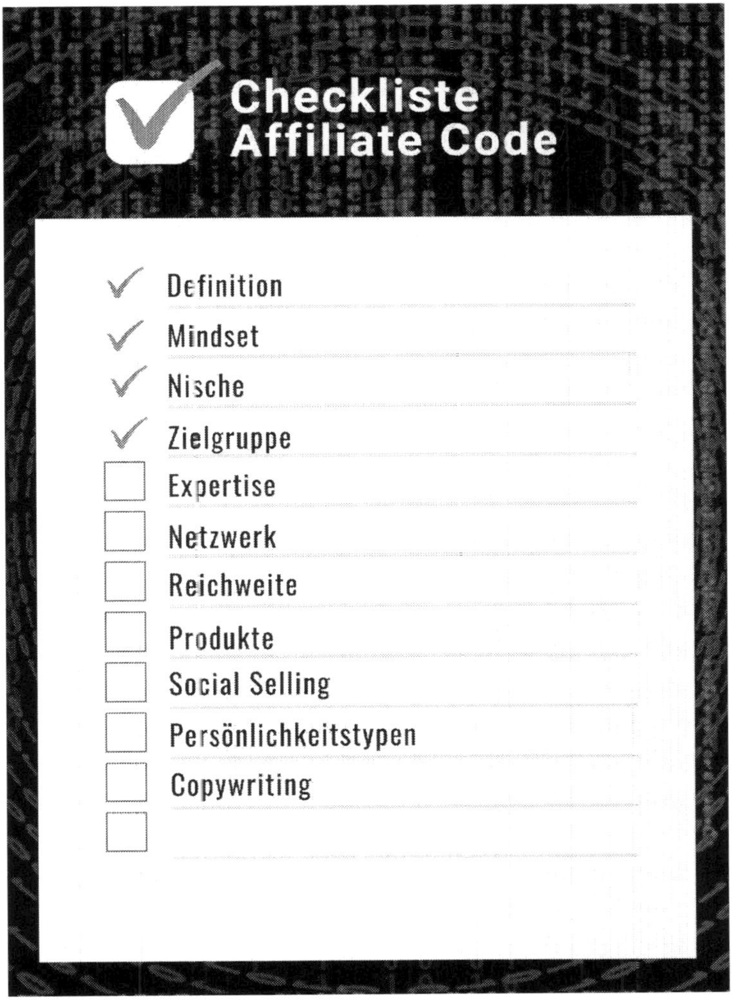

Wie wirst du Expert*in?

Oha, ein heikles Thema, oder? Meine ich jetzt den im Online-Bereich so gerne von Coaches genutzten Satz: „Fake it till you make it"? Das bedeutet: Tu so, als seist du schon erfolgreich, um die ersten Kund*innen zu gewinnen.

„Zu tun, als ob" ist online eine gern genutzte und weitverbreitete Strategie. Vor allem bei Neulingen im Online-Business, wo die Expertise in der Positionierung erkennbar sein soll…

„Fake it till you make it" also, obwohl ich doch sonst von Authentizität spreche? In den nächsten Zeilen erfährst du mehr.

Generell gilt: Wahrnehmbare Expertise verkauft besser.

Womöglich bekommst du jetzt einen Schreck und denkst, worin soll ich denn Expert*in sein? Keine Sorge, daran zweifelt erst mal jede*r. Selbst ich, während ich dieses Buch schreibe und überlege, ob dieses Thema überhaupt jemanden interessiert.

Deshalb starte erst einmal, indem du überlegst, zu welchem Thema dich andere Menschen um Rat fragen.

Den meisten fallen spontan Dinge ein, ganz egal, ob es sich um Rezepte, Finanzen, Frisurentipps oder Aktien handelt. Sicherlich fragen dich andere Menschen zu einem bestimmten oder mehreren Themen um Rat.

Wenn du immer noch unsicher bist, frage mindestens fünf Menschen, bei was sie dich um Rat bitten würden.

Frage deine Freund*innen und Kolleg*innen, wofür sie dich wertschätzen. Ergänze diese Liste gerne immer weiter und fange an, den Fokus darauf zu legen, warum Menschen mit dir in Kontakt sind. Tägliche Wiederholung hilft dir hier sehr.

Sammle die Antworten und werte sie aus. Besonders spannend ist es zu sehen, ob deine Selbstwahrnehmung mit der Fremdwahrnehmung übereinstimmt.

Ich möchte an dieser Stelle den Begriff Expert*in noch etwas genauer für dich definieren.

Was ist eigentlich ein*e Expert*in?

Als Expert*in bezeichnen wir eine Person, die ein umfangreiches Wissen auf einem Gebiet hat und sich dadurch deutlich vom Durchschnitt abhebt. In den Medien beispielsweise werden gerne Expert*innen hinzugezogen, um Dinge zu untermauern oder auch zu widerlegen.

Sicherlich haben sich diese Expert*innen viel intensiver mit dem Thema beschäftigt. Aber wir beschäftigen uns zu bestimmten Zeitpunkten alle intensiv mit dem einen oder anderen Thema. Egal ob im Beruf, beim Hobby oder im Privatleben.

Ich bezeichne mich auch nicht so gerne als Expertin, obwohl ich sicherlich in den Bereichen Verkaufen und Empfehlen vielen Menschen weit voraus bin. Ich beschäftige mich schon seit vielen Jahren mit diesen Themen und dennoch sehe ich genug Expert*innen, die bekannter sind (du siehst, auf gutes Marketing kommt es an ;))

Auch ich denke dann, das sind die wahren Expert*innen. Denn es gibt immer noch etwas, was ich nicht weiß und von ihnen dazu lernen kann. Wir hören sehr gerne auf die Empfehlungen von Expert*innen.

Und wie wirst du nun auf Social Media Expert*in und von anderen als solche*r wahrgenommen?

Indem du immer wieder und immer häufiger über dein Thema sprichst, so dass andere wahrnehmen, dass du dich mit diesem Thema beschäftigt hast und darin auskennst. Menschen werden auf dich aufmerksam und fangen an, dich um Rat zu bitten.

Biete echten Mehrwert und habe keine Angst, dies zu tun. Menschen, die dankbar sind, geben meiner Erfahrung nach immer gerne zurück.

Dies kannst du tun, indem du dich aktiv an Diskussionen beteiligst. Gehe in Postings auf dein Thema ein, gib anderen gute Tipps. Wichtig ist, dies konsequent zu tun, um wahrgenommen zu werden. ich kann nicht behaupten, ich wäre DIE Affiliate-Expertin, aber ich kann definitiv von mir behaupten, dass ich mich seit drei Jahren intensiv mit diesem Thema beschäftige. 2020 wurde mir bewusst, dass ich mir da recht einfach ein ziemlich gutes Einkommensstandbein aufgebaut habe, das manche nicht mit einem Fulltimejob erreichen. Sicherlich habe ich noch Luft nach oben, wenn ich mich mit einigen bekannten Namen im Bereich Affiliate-Marketing vergleiche. Sicher musste ich mich intensiver mit diesem Thema beschäftigen und aktiv etwas dafür tun. Bin ich dadurch weniger Expertin als die anderen? Das Urteil überlasse ich dir als Leser*in dieses Buches.

Ein wesentlicher Unterscheidungsfaktor ist ganz sicher mein Ansatz. Dieser beruht generell auf Klasse statt Masse und insofern bin ich in meinem Fach Expertin. Und dazu kannst du dich auch entwickeln, wenn du dich ab jetzt regelmäßig mit dem Thema Affiliate-Marketing beschäftigst.

Was kannst du direkt umsetzen?

Definiere zunächst den oder die Bereiche, wo du als Expert*in wahrgenommen werden kannst. Und fange an, dies täglich im Außen zu zeigen: durch entsprechende Postings, Teilnahme an Diskussionen und Unterstützung bei Fragen anderer.

Gratuliere! Diese Punkte hast du bereits geschafft!

Weiter geht's.

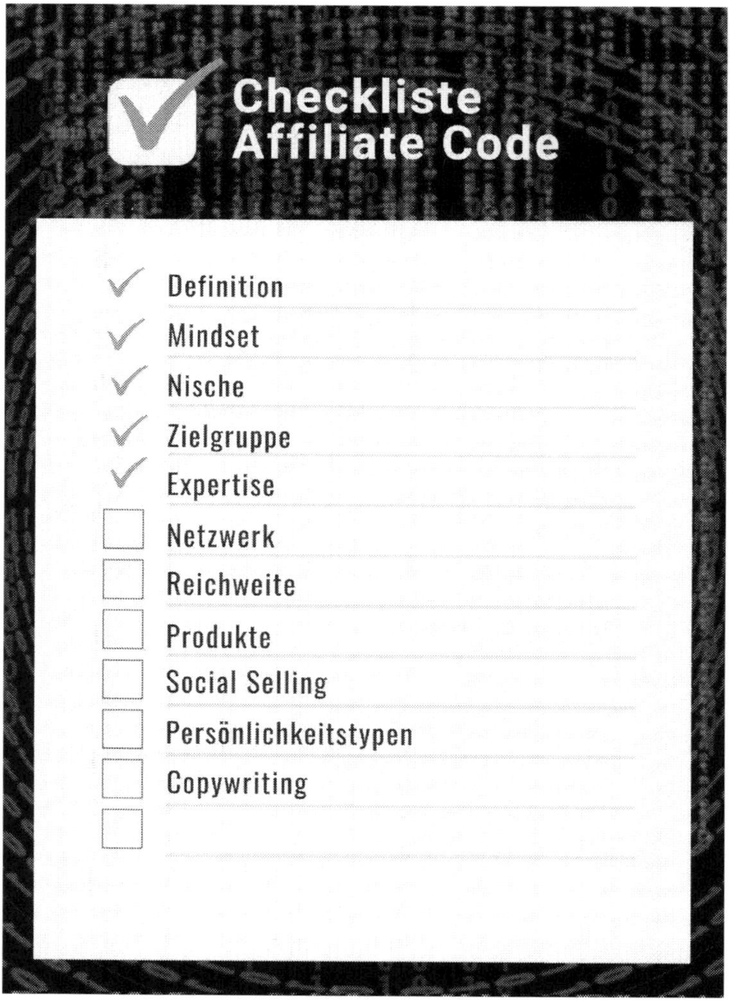

IN DEINEM
PERFEKTEN
NETZWERK HAST
DU ALLES, WAS DU
FÜR DEINEN ERFOLG
BRAUCHST

Der Zauber eines guten Netzwerks

Mein heutiger Erfolg basiert darauf, dass ich nach meiner Entscheidung, online ein Business aufzubauen, eine Sache jeden Tag getan habe und jeden Tag weiter tue. Nämlich mein Netzwerk aufbauen, ausbauen und pflegen.

Wie schon zu Anfang erwähnt sagte Brian Tracy einen sehr wichtigen Satz: Dein Erfolg hängt davon ab, welche Türen dir andere öffnen.

Vor allem am Anfang ist es sehr schwer, sich in dem jeweiligen sozialen Netzwerk zurechtzufinden und nicht in das ein oder andere Fettnäpfchen zu tappen, was mir selbst bereits oft genug passiert ist.

Vielleicht hast du auch schon selbst folgende Erfahrung in den sozialen Netzwerken gemacht?

Der aktuelle Trend in der Akquise ist offensiv, um nicht zu sagen aggressiv. Via persönlicher Nachricht auf den Messengern von Facebook, Instagram und Co. werden massenhaft Text- oder Sprachnachrichten verschickt. Diese sollen echtes Interesse an dir bekunden. Gleichzeitig mit dem Hinweis, es geht um reinen Austausch und man wolle dir nichts verkaufen, um es später dann doch zu versuchen.

Dies nennt sich Prospecting und wird gerne als ethisches Social Selling bezeichnet. Zum Social Selling erfährst du in einem späteren Kapitel mehr.

Klar ist: Es geht nicht um den Aufbau echter Beziehungen. Spätestens bei der dritten Nachricht dieser Art hat dein Gegenüber gemerkt worum es tatsächlich geht. Nämlich um dein Bestes, nicht seines oder ihres.

Und genau dies möchtest du nicht, oder? Zumindest denke ich das, wenn du das Buch bis hier gelesen hast.

Beziehungsaufbau ist der erste Schritt, lange bevor du Empfehlungen aussprechen solltest. Deshalb möchte ich dir folgende Vorgehensweise ans Herz legen. Bist du bereit?

Ich vergleiche es gerne mit einem Flirt an der Bar. Frage dich: Willst du einen One-Night-Stand oder möchtest du die Basis für eine echte Beziehung legen? Klar kann eine Beziehung auch mit einem One-Night-Stand beginnen. Aber das ist sicherlich eher die Ausnahme als die Regel.

Also tue online nichts, was du im Real Life nicht auch tun würdest! Es gibt Benimmregeln, die ich als Online-Knigge bezeichne.

Eine gute Basis, auf der alles aufbaut, ist ein gut gepflegter und sympathischer erster Eindruck. Zeige dich auf deinem Profilbild und nicht das Bild deines Hundes. Auch wenn ich Hunde sehr gerne mag.

Dann beginnst du, auf einem sozialen Kanal deiner Wahl über dich und dein Leben zu schreiben. Über die Themen, die dich bewegen. Das heißt, du zeigst dich als Mensch hinter dem Profil und teilst über deinen Social-Media-Kanal regelmäßig verschiedene Inhalte. Dies können Beiträge, Blog-Artikel oder Videos sein, wo du für andere als Mensch erkennbar wirst. Achte also auf ein vollständiges und ansprechendes Profil. Es muss definitiv kein Bild sein, das du in einer Bewerbung verschicken würdest. Denn so bist du in der Regel im normalen Leben nicht unterwegs. Wenn du dies getan hast, sehen die anderen schon auf den ersten Blick, worum es bei dir geht, ob sie dich mögen und bereit sind, mit dir zu kommunizieren.

Auf welchem Social-Media-Kanal du das machst, spielt eine untergeordnete Rolle. Strategisch ist es sicherlich gut, wenn du dort bist, wo sich deine potentielle Zielgruppe aufhält. Deine privaten Beiträge sollten immer deutlich überwiegen– im Verhältnis 80/20 oder noch besser 90/10.

Aber zeige den Menschen auch, wer du bist und wofür du stehst – persönliche Werte zu zeigen wird immer wichtiger, um von Menschen wahrgenommen zu werden.

Noch einmal möchte ich betonen, es geht nicht ums Empfehlen, sondern an der Freude, andere Menschen kennenzulernen und das eigene Netzwerk um wertvolle Kontakte zu erweitern. Dann wird das Empfehlen ein ganz natürlicher Prozess. Und nun lasse uns den Netzwerkzauber in vier Schritten gemeinsam beginnen.

Schritt 1:

Stell dir vor, jeder wartet ab, dass der andere den ersten Schritt macht. Das kann manchmal sehr lange dauern oder nie geschehen. Deshalb mein eindringlicher Rat, trau dich, werde aktiv und gehe offen auf andere Menschen zu. Und dabei spielt es keine Rolle, ob und wer dein Gegenüber ist. Es ist im Normalfall immer ein Mensch mit Werten, Gefühlen und individuellen Herausforderungen. Fake Profile gibt es natürlich auch, bleiben aber hoffentlich die Ausnahme. Baue auf echte zwischenmenschliche Beziehungen und vernetze dich ohne Hintergedanken, ob dies potenzielle Kund*innen werden könnten. Glaube mir, aus echten Beziehungen zu Menschen aus meinem Netzwerk resultieren später Gelegenheiten, an die ich anfangs NIE gedacht hätte. So habe ich 2018 meinen ersten fünfstelligen Verkauf gemacht, einfach nur, weil mich Menschen vorher ohne irgendeine kommerzielle Absicht kennen und schätzen gelernt hatten.

Ein Lieblingsmotto von mir (und meinem Lieblingsnetzwerk für Unternehmerinnen, dem „Perlennetzwerk") ist ganz klar: „Nur gemeinsam geht man weit."

Und nun wünsche ich dir viel Freude bei der aktiven Erweiterung deines Netzwerks!

Schritt 2:

Nach dem Kennenlernen geht es um Beziehungsaufbau und -pflege. Geben ist bekanntlich seliger als Nehmen und auch hier darfst du in Vorleistung gehen.

Interagiere mit neuen Kontakten. So lernst du sie und noch viel wichtiger sie dich kennen und im besten Fall entsteht eine echte Freundschaft daraus. Dabei hilft dir, was ich als den Facebook-Dreikampf bezeichne. Like, kommentiere und teile Beiträge, die dir wirklich von anderen Menschen gefallen. Oder weise andere auf Beiträge hin, die sie interessieren oder ihnen helfen könnten.

Denn wir Menschen sind reziprok und im Bestfall beginnt auch dein neuer Kontakt mit dir in dieser Weise zu interagieren. Jetzt geht es um die regelmäßige Pflege dieser neuen Beziehung und noch immer nicht darum, anderen etwas zu empfehlen zu wollen.

Schritt 3:

Wenn du bis jetzt alles richtig gemacht hast, kommt es nach dem Flirt an der Bar zum ersten richtigen Date. Und wie geht das online am besten? Dafür gibt es zum Glück viele Möglichkeiten. Zoom und Skype sind den meisten Menschen inzwischen ein Begriff. Und so lässt sich bequem von zuhause ein gemeinsames Date planen. Ein virtueller Kaffee oder ein abendlicher Plausch können richtig gemütlich sein. Wenn du jemanden besser kennst, geht übrigens auch ein gemeinsames Glas Wein. Klar kosten diese Dates Zeit, aber die ist meiner Meinung nach sehr gut und nachhaltig investiert.

Bitte überstürze in eurem Date nichts, sondern höre bewusst zu. Wichtige Dinge notiere oder merke dir, denn sie sind die ideale Basis für ein weiteres Date. Und ja, hier tauscht man sich sicher auch intensiver darüber aus, was jede*r so macht. Oft bin ich überrascht, was ich noch so erfahre, obwohl ich dachte, ich weiß schon einiges über den Menschen hinter dem Profil.

Du merkst schon, auch an diesem Punkt geht es immer noch nicht ums Empfehlen.

Es kann dazu kommen, aber ich rate dir nur dann darauf einzugehen, wenn dein Gegenüber dich konkret anspricht. Aus eigener Erfahrung kann ich dir berichten, dass ich einige dieser Dates hatte und dieses anfangs sehr nett waren. Sie schwenkten dann aber zu schnell vom Zuhören weg, hin zum Verkaufen. Dadurch, dass diese sogenannten Prospecting Calls meistens im 30 Minuten Takt stattfinden, kannst du dir den Tiefgang dieser Gespräche sicherlich gut vorstellen.

Zumal der Zeitdruck schnell bei der anderen Seite spürbar ist. Und das erweckt wenig Vertrauen, zumindest bei mir.

Die Taktik an sich mag nicht verkehrt sein und es ist durchaus möglich, etwas in Kürze zu empfehlen.

Aber dann steht fest, es ging nie um echten Beziehungsaufbau.

Ich persönlich bevorzuge vorab eine klare Ansage, denn dann kann ich entscheiden, ob ich das Date annehme oder gleich sein lasse. Und du vermutlich auch, oder?

Schritt 4:

Wir haben es schon öfter gehört, Erfolg hängt davon ab, welche Türen dir andere öffnen.

Und die Türen hast du geöffnet, wenn du meine Tipps befolgst. In meinen Worten wirkt dann der wahre Netzwerkzauber und es entstehen großartige Dinge.

Private Freundschaften und berufliche Kooperationen können entstehen. Und wenn diese Basis einmal gelegt ist, dann klappt es auch mit dem Empfehlen. Denn Menschen kaufen am liebsten auf Menschen, die sie mögen und denen sie vertrauen, und nicht von denen, die ihnen zeigen, dass es doch nur ums Verkaufen geht.

Du wirst spüren, ob deine Empfehlung passt oder nicht. Wenn dies so ist, wirst du ohne innerlichen Druck gerne darüber sprechen. Vielleicht sogar angesprochen werden und das Empfehlen macht richtig Freude, weil du für andere echte Lösungen schaffst.

Und nun liegt es an dir, jeden Tag dein Netzwerk ein Stück weiter nach den von mir vorgestellten Schritten auf- und auszubauen.

Dazu möchte ich dir folgende praktische Tipps geben:

Nutze Gruppen auf Facebook, Foren, Netzwerk-Events usw.

Tausche dich dort mit Menschen aus, die dein Thema und deine Nische interessiert.

Für diese Arbeit empfehle ich dir vor allem zu Anfang die Arbeit mit einer persönlichen Kontaktliste. Dort solltest du dir zu dem Kontakt z.B. folgende Punkte vermerken:

- Wo war der Erstkontakt?
- Wann war der Erstkontakt?
- Generelle Infos zu dem Kontakt

- Gemeinsamkeiten (Freund*innen, Interessen, Gruppen)
- Aktuelle Themen und Problem

Mache es dir nicht zu schwer. Du kannst dazu einen Notizblock oder eine einfache Exceltabelle benutzen. Hauptsache du tust es!

Und nun viel Erfolg und vor allem ganz viel Spaß beim Umsetzen.

"Du bist der Durchschnitt der 5 Menschen, mit denen Du die meiste Zeit verbringst."
(Jim Rohn)

Gratuliere! Diese Punkte hast du bereits geschafft!

Weiter geht's.

Und nun ab in die digitale Reichweite

Das ist etwas, woran du ab jetzt regelmäßig arbeiten solltest. Oder ist dir noch gar nicht so bewusst, was Reichweite eigentlich bedeutet?

Es geht darum, auf Facebook, Instagram und auf den anderen sozialen Netzwerken eine Reichweite aufzubauen, indem du Freund*innen, Follower oder Vernetzungen gewinnst, wie auch immer sie auf der jeweiligen Plattform heißen.

Die Reichweite gibt dir Auskunft darüber, wie viele Menschen, oder besser, Profile deine Postings bzw. Beiträge gesehen haben. Das gleiche gilt natürlich auch für Werbung in Form von bezahlten Anzeigen, dies erwähne ich der Vollständigkeit halber. Diese Kennzahl ist wichtig, wenn du deine Bekanntheit erhöhen möchtest, um damit Empfehlungen über die sozialen Netzwerke geben zu können.

Deshalb kann es für dich zunächst einmal spannend sein, deinen Status Quo auf den Social-Media-Kanälen herauszufinden.

Notiere dir zum Beispiel die Anzahl deiner Freund*innen auf deinem privaten Profil auf Facebook. Falls du eine Fanpage hast, ist das die Anzahl deiner Fans und Abonnent*innen. Vielleicht hast du sogar eine eigene Gruppe, dann notiere die Anzahl deiner Mitglieder.

Dann schau mal, wer der Mensch hinter dem Profil eigentlich ist. Versuche echte Beziehungen zu den Menschen hinter den Profilen aufzubauen, denn es gilt immer noch: Menschen vertrauen Menschen. Und bedenke, hinter den Profilen sind Menschen mit Gefühlen, die sich über Anerkennung und Aufmerksamkeit freuen. Wenn du selbst erlebt hast, wie viel Arbeit das Schreiben eines einzelnen Posts sein kann, dann weißt du, was ich meine.

Ein Post kostet wertvolle Lebenszeit. Dann ist es doch schön, wenn andere Menschen dir Wertschätzung zeigen und dir sagen, dass das, was du schreibst oder kommentierst, bei ihnen etwas auslöst.

Deshalb sei nicht nur stille*r Mitleser*in, sondern zeige anderen, wenn dir etwas gut gefällt. Das Gesetz der Anziehung besagt, dass das, was du ausstrahlst, zu dir zurückkommt. Viele sind auf Social Media unterwegs, lesen einfach nur mit und wundern sich, warum sie keine Reichweite aufbauen können.

Suche für dich sympathische und spannende Menschen auf deiner Social-Media-Plattform aus, egal ob bekannt oder unbekannt, deren Inhalte, Werte oder Arbeit dir gefallen, und gib ihnen ehrlich gemeintes Feedback.

Beteilige dich an Diskussionen, teile wertvolle Inhalte von anderen. Sei bei Lives oder Veranstaltungen dabei, kommentiere und oder markiere Menschen, für die ein Inhalt möglicherweise spannend sein könnte.

Die Menschen werden dir danken, dass du dir Zeit nimmst und ihnen Wertschätzung zeigst. Vielleicht noch nicht beim ersten Mal, aber wenn du dies regelmäßig tust, bekommst du es auch zurück.

Nichts anderes habe ich 2017 getan und dadurch einen der für mich wichtigsten Menschen kennengelernt, der ich so viel verdanke, wie kaum einer anderen Person, und die auch sicherlich zu den bekanntesten, beliebtesten und erfolgreichsten Menschen der Onlinewelt gehört.

Eva Abert, die ein Vorwort zu diesem Buch geschrieben hat und mit der mich heute so viel beruflich, aber auch privat verbindet.

Auch bei mir ging es nur Schritt für Schritt. Ich bemühte mich, mit den richtigen Menschen in Kontakt zu kommen, und tue es noch heute jeden Tag. Ich bin dankbar, wie viele spannende Menschen ich inzwischen kennenlernen durfte und wie vielen ich bereits Produkte empfehlen konnte.

Wenn du es mit Herz und Leidenschaft machst, fängt der Netzwerkzauber an zu wirken.

Ich wünsche dir viel Freude dabei, wenn du siehst, wie deine Reichweite nach und nach wächst.

Was kannst du direkt umsetzen?

Notiere dir die Kennzahlen, also den Status Quo, der ab jetzt täglich wachsen darf, um deine Reichweite zu vergrößern.

Auf Facebook oder anderen Social-Media-Kanälen notiere dir die Anzahl deiner Kontakte: also deine Freund*innen auf dem privaten Profil, Fans und Abonnenten deiner Fanpage (wenn vorhanden), Mitglieder in deiner Gruppe (wenn vorhanden).

Abonniere bekannte Namen aus deiner Nische, freunde dich mit ihnen an und versuche, echte Beziehungen aufzubauen.

Investiere täglich aktiv Zeit in einen Social-Media-Kanal. Am besten stelle dir einen Timer, damit du keine kostbare Zeit vertrödelst.

Gratuliere! Diese Punkte hast du bereits geschafft!

Weiter geht's.

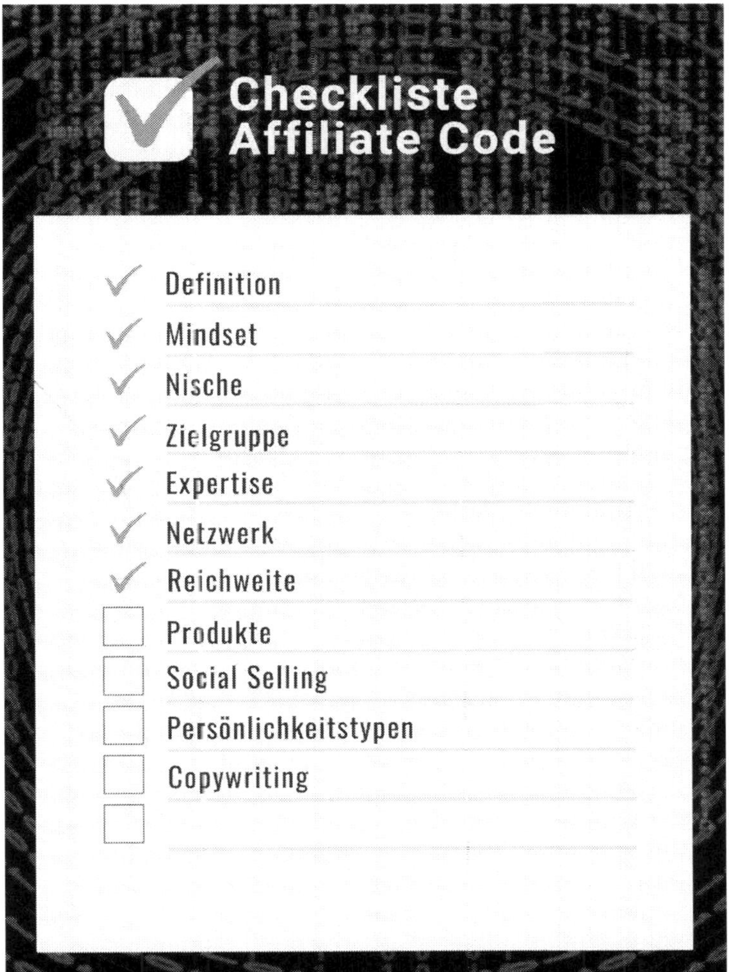

Wie du an Produkte kommst und die richtigen auswählst

Gehen wir nun den nächsten Schritt an. Wie kommst du an die Produkte?

Ich habe schon mehrfach den Digistore24 genannt. Auf diesen möchte ich hier im Buch eingehen, da ich ihn selbst am meisten als Affiliate nutze und auch meine eigenen Produkte als Vendor dort gelistet habe. Auf dem Digistore24 gibt es den sogenannten Marktplatz. Sieh dich dort um und suche in deiner ausgewählten Nische nach interessanten Produkten.

Falls du dort noch nicht registriert bist, kannst du es direkt kostenlos tun. Dann bekommst du deine eigene Digistore ID, die du ab sofort nutzen kannst, um Produkte zu empfehlen.

Als Affiliate gehst du einer gewerblichen Tätigkeit nach. Daher werden deine Empfehlungsprovisionen erst an dich ausgezahlt, wenn du eine gültige Umsatzsteuer-ID (umsatzsteuerpflichtig) oder Steuernummer (Kleinunternehmerregelung) angegeben hast. Falls du noch kein Gewerbe hast, hole dies nach. Loslegen kannst du sofort und dein Geld wird vom Digistore auf deinem Konto verwahrt, bis du die Nummer hinterlegt hast.

Das bedeutet, dass du auch ohne Gewerbe Digistore24 nutzen kannst, aber ohne gewerbliche Anmeldung kein Geld durch Digistore24 verdienen wirst.

Triff deine Auswahl und wähle ein für dich geeignetes Produkt aus. Du kannst natürlich auch gerne schauen, ob ich ein für dich spannendes Produkt anbiete, das du empfehlen möchtest.

Nimm dir am Anfang am besten ein, oder maximal zwei Produkte, die dich besonders ansprechen, und fange an, den Menschen in deinem Netzwerk diese Produkte zu empfehlen.

Ich selbst habe mir bislang noch kein Produkt dort ausgesucht, weil ich über mein Netzwerk regelmäßig gute Produkte angeboten bekomme, die ich auch an die Teilnehmer*innen meiner Kurse weitergebe. Da habe ich den Proof of Concept, da ich die Anbieter*innen und ihre Arbeit persönlich kenne.

An dieser Stelle kannst du mit dem Empfehlen und Geld verdienen bereits loslegen, wenn du dich dazu bereit fühlst. Suche ein Produkt aus und überlege dir den konkreten Mehrwert für deine Zielgruppe.

Gratuliere! Diese Punkte hast du bereits geschafft!

Weiter geht's.

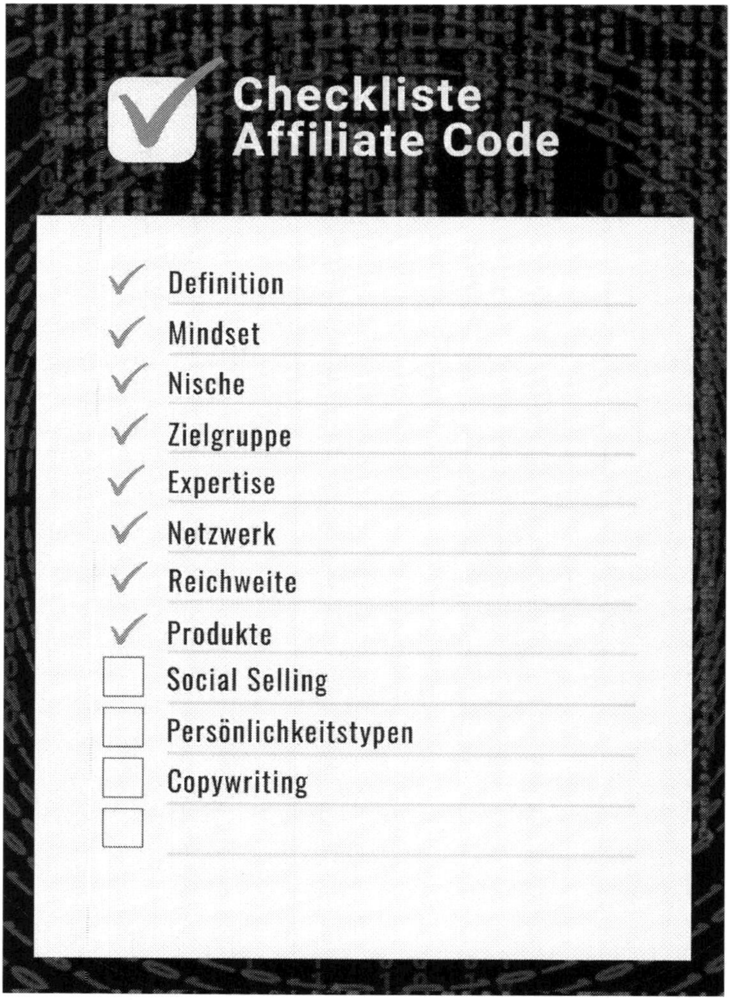

Social Selling

Ein Begriff, der durch die Onlinewelt geistert – und doch wissen die wenigsten, was er bedeutet und was sie darunter verstehen können. Social Selling ist die Kunst, Social-Media-Netzwerke zum Verkauf einzusetzen und sich ein perfektes Netzwerk aufzubauen.

Hast du bereits eine Facebook-Seite, ein LinkedIn-Profil oder ein beruflich genutztes Twitter-Konto, befasst du dich schon mit Social Selling – auch wenn du diesen Begriff nicht zur Beschreibung deiner Online-Aktivitäten verwendest oder nie darüber nachgedacht hast, was er bedeutet.

Beim Social Selling geht es um die verschiedenen Möglichkeiten, wie du Menschen und deren Bedürfnisse kennenlernen kannst und was du benötigst, um Produkte zu empfehlen. Es bedeutet, soziale Netzwerke dazu einzusetzen, Interessenten zu finden. Menschen zu kontaktieren und kennenzulernen und diese Kontakte zu pflegen.

Wahrscheinlich ist die Erklärung, was Social Selling nicht ist, genauso wichtig wie die, was Social Selling bedeutet.

Es geht nicht darum, Fremde unaufgefordert mit privaten Nachrichten zu bombardieren – das ist Spam. Und wenn du serienweise Menschen über die Messenger-Funktion nervst, wird das sowohl von deinem Kontakt als auch, im schlechtesten Fall, von der Plattform selbst geahndet.

Das solltest du unbedingt vermeiden.

Social Selling zielt nämlich nicht nur darauf ab, Zugang zu Interessent*innen zu finden.

Es geht vor allem um den Aufbau von Beziehungen und auf strategisch eingesetztes Social Listening (wörtlich: soziales Zuhören), um genau im richtigen Moment in eine Konversation einzusteigen und eine Lösung für ein aktuelles Problem anzubieten.

Social Selling bedeutet echten Zugang zu Menschen zu finden, die später auch zu Kund*innen werden können. Wenn du mehr über die Menschen weißt, kannst du ihnen im richtigen Moment helfen. Menschen schreiben oft indirekt in den sozialen Netzwerken über ihre Herausforderungen. Manche sagen konkret, ich habe gerade ein Problem. Wer kann mir einen Tipp geben oder weiß jemanden, der helfen kann. Wenn du einen Tipp hast, gib den gerne. Auch wenn du nichts davon hast. Menschen merken sich das.

Gehe auf die Herausforderungen der einzelnen Personen gezielt ein und erleichtere ihnen damit das Leben, indem du echte Lösungen anbietest. Vielleicht bist du auch der oder die Einzige, die eine gute Lösung parat hat.

Es geht darum, für dringende Herausforderungen Lösungen zu schaffen, damit Vertrauen aufzubauen und erst einmal in Vorleistung zu gehen.

Wenn du das geschafft hast, dann darfst du in deinen Texten auch sogenannte Trigger wie Häufigkeit (immer mal wieder nachhaken), Dringlichkeit (z.B. Zeit läuft bald ab) und Knappheit (nur noch zwei Plätze verfügbar) einsetzen, ohne dass die Leute dies als Spam empfinden.

Du kannst dir von nun an zur Aufgabe machen, täglich über den Messenger oder ein Konferenzsystem wie Zoom mit mindestens einem Kontakt zu sprechen.

Ich hoffe das Konzept des Social Selling ist verständlich. Ich würde mich freuen, wenn du dich aktiv daran machst: das Gelernte von Tag zu Tag verbesserst, darüber Menschen kennenlernst, zu denen du echte Beziehungen aufbaust und denen du später auch etwas empfehlen kannst, ohne dass es sich für dich wie Empfehlen anfühlt.

"Where focus goes, energy flows."
(Tony Robbins)

Gratuliere! Diese Punkte hast du bereits geschafft!

Weiter geht's.

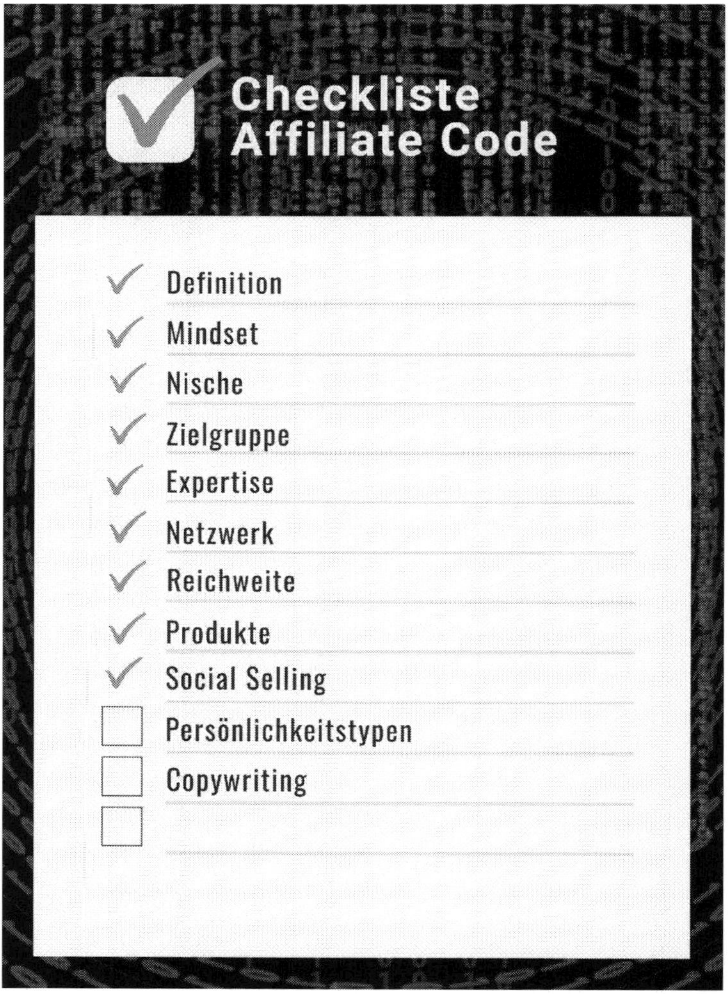

Was für eine tierische Persönlichkeit bist du eigentlich?

Keine Ahnung, was ich meine? Na, dann lass' uns mal einen gemeinsamen Ausflug ins Tierreich machen. Du kennst bestimmt einen Hai, einen Wal, einen Delfin oder eine Eule. Doch was hat das mit Empfehlen zu tun? Warum solltest du dich damit überhaupt näher beschäftigen? Warum frage ich dich diese seltsame Frage?

Jede*r von uns hat seinen oder ihren eigenen Kopf, einen eigenen Charakter, Dinge, die sie oder ihn auszeichnen. Möchte der eine von uns z.B. alle Details vor einer Entscheidung kennen, reicht es der anderen, die wesentlichen Fakten zu wissen. Entschuldigt sich der eine für sein Zuspätkommen, scheint es der anderen vollkommen egal zu sein.

Warum solltest du die Unterschiede zwischen drei Meeresbewohnern und einer Eule kennen?

Ganz einfach: Dein Verkaufs-Stil hängt von deiner Persönlichkeit ab, der Kauf-Stil deines Gegenübers von dessen Persönlichkeit.

Dies muss zueinander passen!

Und deshalb musst du lernen, die Sprache deines Gegenübers zu verstehen und zu sprechen.

Menschen wollen die Meinung anderer Menschen und somit bedeutet Empfehlen und Verkaufen vor allem Kommunikation. Sprechen wir die Sprache unseres Gegenübers, können wir unsere Kommunikation entsprechend anpassen. Es geht nicht darum, uns zu verstellen. Vielmehr geht es darum, die Informationen in der Sprache des Gegenübers zu vermitteln.

Doch nun lass ich die Katze (oder besser die Eule, den Hai, den Delfin und den Wal) aus dem Sack, damit du dich selbst zum einen besser kennenlernst und zweitens verstehst, welche Sprache du mit deinem Gegenüber sprechen musst. Und dazu erkläre ich vier verschiedene Persönlichkeitstypen.

Ich liebe Verkaufen und beschäftige mich daher viel mit Psychologie. Für mich ist die praktische Anwendbarkeit entscheidend. Aus diesem Grund möchte ich dir in Anlehnung an den Autor und Speaker Tobias Beck nachfolgendes Modell vorstellen.

Möglichkeiten, die Persönlichkeit zu typisieren, gibt es wie Sand am Meer. In meinem ersten Job im Versicherungsvertrieb habe ich das DISG Farbschema benutzt. Dabei steht D für dominant, I für initiativ, S für stetig und G für gewissenhaft. Es basiert auf einer Typologie von William Moulton Marston aus dem Jahr 1928.

Aber da mein Hauptanteil der Delfin ist, macht mir das Modell von Tobias Beck mehr Spaß. Und mit dem Delfin fange ich auch an.

Der Delfin – die nächste Party ist meine

Der Spaß an einer Sache darf für einen Delfin auf keinen Fall zu kurz kommen. Er liebt Action, Abenteuer und Entertainment.

Kennst du jemanden, der immer das neuste Technikspielzeug haben möchte? Hier schlägt der Delfin gerne zu. Er liebt es, Dinge zu entdecken und seiner Zeit voraus zu sein. Möchtest du einen Delfin von deinen Empfehlungen überzeugen, so zeige das Einmalige und Neuartige daran. Visionäre möchten vorankommen, entdecken und begeistern.

Ihm ist es übrigens auch recht, wenn andere sich um die Lösung von Herausforderungen kümmern. Schließlich hat er schon wieder die nächste Vision im Kopf.

Generell sind Delfine freundlich, offen und gesellig, keine Fans detaillierter Ausführungen, brauchen Anerkennung im Außen und bevorzugen humorvolle und keine zu ernsthafte Kommunikation.

Bevorzuge eine emotionale Sprache. Delfine lieben Geschichten und beschreiben gerne eigene Erlebnisse. Nutze Worte wie einzigartig, flexibel, ausgefallen oder innovativ, um deine Empfehlung zu vermitteln.

Das heißt für dich: Ermuntere den Delfin, von sich selbst zu erzählen. Scheue dich nicht, das eine oder andere Kompliment zu machen – und zwar locker, freundlich und herzlich.

Der Hai – was bekomme ich von anderen?

Sicherlich hast du das auch schon erlebt. In einer Warteschlange rauscht jemand an allen Wartenden vorbei und noch vor Erreichen des Schalters ruft sie: „Ich habe nur eine ganz kurze Frage!“ und drängelt sich vollkommen selbstverständlich vor.

Hier erleben wir einen Charakter, der gerne gewinnt und es liebt, sich durchzusetzen. Für Haie ist eine zentrale Fragestellung: Was bekomme ich von anderen Menschen und was können sie für mich tun?

Möchtest du einen Hai mit deinen Argumenten erreichen, so solltest du darauf achten, das Ergebnis und damit verbundene Vorteile in den Vordergrund zu stellen. Er liebt Worte wie Ergebnis, Profit, Gewinn ebenso wie Premium, VIP, erstklassig und führend.

Kommuniziere bei Haien generell kurz, prägnant und ergebnisorientiert. Der Hai wird von sich aus oft die Initiative ergreifen, seine Kompetenz zeigen und Zeitverschwendung vermeiden. Haie wollen die besten Ergebnisse.

Bevorzuge eine direkte Sprache, Hai begreifen schnell und werden ungeduldig, wenn es zu lange dauert. Der Hai ist ein schneller Entscheider.

Das heißt für dich: Komm klar, kurz und schnell zum Punkt und mache den Mehrwert deutlich, den er von der Empfehlung hat.

Der Wal – was kann ich für andere tun?

Ich kann mich noch sehr gut an zwei meiner ehemaligen Kolleg*innen erinnern. Wenn jemand die Firma verließ, kümmerten sich die beiden um alles Organisatorische: Vom Termin über den Kuchen bis hin zum Abschiedsgeschenk und der Karte, auf der keine Unterschrift fehlen durfte.

Das sind Wale, die guten Seelen einer Gemeinschaft, die sich durch ihre hohe Sozialkompetenz auszeichnen. Für sie ist es wichtig, dass sich andere in ihrer Gegenwart wohl fühlen und gerne mit ihnen Zeit verbringen.

Das sind die Menschen, die Geburtstagslisten pflegen, private Treffen und Events organisieren und für alle Belange ein offenes Ohr haben.

Möchtest du Wale mit deiner Empfehlung erreichen, solltest du darauf achten, den Vorteil für die Gemeinschaft und den Beitrag zur Steigerung ihres Beliebtheitsgrades in den Vordergrund zu stellen. Wale mögen Worte wie abstimmen, verbinden, erfreuen, beglücken. Auch kannst du Wale sehr gut mit deiner Nachricht erreichen, wenn du Worte wie harmonisch, schön oder freundlich benutzt.

Kommuniziere freundlich und sicherheitsorientiert. Sei verlässlich und kooperativ, denn ein Wal schätzt echte Anerkennung, wünscht sich konkrete Anweisungen und braucht Informationen und Zeit, um sich an Veränderungen zu gewöhnen und Entscheidungen zu treffen. Lass ihm die. (Delfine übrigens entscheiden gerne aus ihrer Intuition heraus und lassen sich meistens etwas mehr Zeit als Haie.)

Bevorzuge generell eine bedachte Sprache. Der Wal ist im Gespräch zurückhaltend, manchmal ein wenig besorgt. Er fragt ausführlich nach und möchte das Gefühl haben, verstanden zu werden.

Das heißt für dich: Stelle direkt bei der Gesprächseröffnung eine Atmosphäre der Vertrauenswürdigkeit her. Nimm dir Zeit und höre geduldig zu. Sei freundlich, ruhig und methodisch.

Die Eule – ZDF ist der Schlüssel: Zahlen, Daten, Fakten

Die Eule ist die Exotin in unserer Runde. Fragst du dich, warum es bei den vier Typen drei Meeresbewohner und ein Flugtier gibt? Ich mich auch, aber für mich passt die Beschreibung dieser Persönlichkeit zum Bild einer klugen und weisen Eule.

Ein privates Beispiel: Ein guter und langjähriger Freund von mir ist ebenso Fan von Freizeitparks wie ich. So treffen wir uns in der Regel einmal im Jahr in einem Freizeitpark, um die neuesten Achterbahnen zu fahren. Wenn ich mit ihm unterwegs bin, kann ich alles vergessen haben. Ich weiß, er ist so gut ausgerüstet, als würden wir nach Australien auswandern. Er liebt die Checklisten in seinem Handy.

Hast du zum Beispiel eine Checkliste, wenn du deinen Koffer für den nächsten Urlaub oder eine Dienstreise packst? Oder weißt du bereits heute, was du morgen Abend kochen wirst? Dann deutet viel auf eine Eule hin.

Eulen sind Gewohnheitstiere. Sie lieben Regeln, Anleitungen und hohe Standards. Du empfiehlst ihnen am einfachsten, wenn du auf Referenzen, Studien und Details eingehst. Bist du für mögliche Rückfragen nach Zahlen, Daten und Fakten gerüstet, dann bist du gut auf ein Gespräch mit einer Eule vorbereitet.

Eulen mögen Worte wie strukturieren, planen und garantieren. Auch mit Worten wie stabil, kontrolliert, geprüft oder garantiert liegst du richtig.

Eulen sind distanziert, gut informiert und analytisch. Sie wünschen sich mehr Detailinformationen als die anderen drei und halten sich an Regeln. Sie sind taktvoll und zurückhaltend und arbeiten sehr genau.

Bevorzuge Eulen gegenüber eine sachliche Sprache. Die Eule stellt im Gespräch gewöhnlich viele Fragen. Sie ist eher „stille Beobachterin“, ist vorsichtig und wirkt distanziert.

Das heißt für dich: Bei der Gesprächseröffnung ist es wichtig, dass du formell und sachlich bleibst. Achte auf kleine Zeichen der Zustimmung oder Ablehnung. Sei selbst distanziert, taktvoll und nüchtern.

Wie nutzt du dieses Wissen für erfolgreiche Empfehlungen?

Nun hast du vier verschiedene Persönlichkeitstypen kennengelernt. Jede*r von uns hat mehrere Anteile der Tiere und zeigt diese in unterschiedlich starken Ausprägungen.

So haben viele Haie eine Delfin-Tendenz und umgekehrt. Bei mir ist der Hai als zweites ausgeprägt. Ähnlich sieht die Korrelation zwischen Eulen und Walen aus.

Alle Persönlichkeitstypen haben ihre Stärken und Schwächen. Dabei gibt es kein Gut oder Schlecht. Wichtig ist sie zu verstehen und beim Empfehlen ihre Sprache zu sprechen.

Mithilfe dieses Wissens wird es dir gelingen, schneller einen Zugang zu deinen Gesprächspartner*innen zu bekommen.

Weißt du, wie dein Gegenüber tickt, hast du es bei Empfehlungen wesentlich leichter. Lerne wie der Hai, der Delfin, der Wal oder die Eule zu sprechen und du wirst erfolgreicher werden. 100% versprochen!

Die hier vorgestellten vier Persönlichkeitstypen waren für mich ein echter Augenöffner, denn ich empfinde es als viel einprägsamer als das anfangs erwähnte DISG Modell. Das mag daran liegen, dass ich ein Delfin bin und mein Gegenüber sich in jedem Gespräch in ein Tier verwandelt.

Willst du wissen, welcher Persönlichkeitstyp du selbst bist?

Dann mache bei Tobias Beck deinen kostenlosen Test!

Ich wünsche dir viel Spaß beim Entdecken deiner eigenen Persönlichkeit und dass du lernst, die Sprache deines Gegenübers zu sprechen und somit erfolgreicher empfehlen zu können!

Gratuliere! Diese Punkte hast du bereits geschafft!

Weiter geht's.

Kannst du spannende Geschichten erzählen?

In dieser Lektion geht es um etwas, was ich zu Beginn meiner Online-Karriere überhaupt nicht auf dem Schirm hatte. Geschichten erzählen, oder besser, Copywriting und Storytelling. Nun denn…

Zunächst einmal, was bedeuten diese beiden Begriffe?

Storytelling ist die detailliert ausgearbeitete Erzählung einer Geschichte, die es den Leser*innen oder Zuhörer*innen deiner Geschichte ermöglicht, sich voll und ganz in sie hineinzuversetzen. Gute Geschichten erzielen die nötigen Emotionen, die Menschen helfen, eine Entscheidung zum Kauf zu treffen.

Geschichtenerzählen an sich ist natürlich nicht neu. Es ist jahrhundertealt. Ich habe schon als Kind Geschichten geliebt, denn sie lösten Bilder und Gefühle bei mir aus. Geschichten sind eine Form der Informations- und Wissensvermittlung. Online wurde das Erzählen von Geschichten sozusagen wieder neu entdeckt. Viele Texte im Internet sind allerdings eher praktisch und funktional, ohne Emotionen zu erzielen.

Wir Menschen mögen aber schöne und spannende Geschichten und so entstand das Online-Storytelling.

Beim Copywriting dreht sich dagegen alles um die Leser*innen oder Zuhörer*innen. Du entscheidest, welche Aktion der oder die andere am Ende ausführen soll (dies nennt man in der Fachsprache übrigens Call To Action oder kurz CTA). Und so schreibst du deine Copy so, dass diese am besten zu dieser Aktion führt. Manchmal ist das eine Geschichte, manchmal auch nicht.

Und dabei geht es nicht um die Geschichte, die du erzählen möchtest, sondern um die Geschichte, die deine Leser*innen oder Zuhörer*innen hören müssen.

In den Sozialen Medien ist die Länge der Texte oft limitiert. Deshalb solltest du lernen, wie du diese Möglichkeit nutzt, um prägnante, knackige Texte zu schreiben und die Menschen dazu zu bringen, in Aktion zu treten.

Hier stelle ich dir vor, wie gutes Copywriting geht.

Ich rate dir, deine Postings am Anfang wirklich nach diesem Aufbau zu gestalten, auch wenn es sich seltsam anfühlt. Du wirst spüren, ob es deine Art der Empfehlung wird, oder ob du für zehn Zeilen auch nach einem Monat immer noch stundenlang brütest.

Ich empfehle dir, es auf jeden Fall zu versuchen und eine Zeit lang zu testen. Irgendwann hast du deinen Stil gefunden, den du übrigens auch sehr gut in E-Mails verwenden kannst. Wir Menschen lieben knackige Geschichten, denn die bleiben viel mehr haften als ein purer Werbetext.

Gutes Copywriting bleibt länger und sicherlich positiver im Kopf der anderen, als wenn du reine Verkaufstexte verwendest und nur sagst, hier, kaufe dieses Produkt. Der andere merkt, dass es nur ums Geldverdienen geht.

Deshalb möchte ich dir jetzt eine konkrete Vorlage für gute Copys geben, die du für Social-Media-Postings oder auch Mails verwenden kannst.

Der Aufbau geht über mehrere Stufen:

Die Hölle

Das ist der Satz, der zuerst gelesen wird und ins Auge stechen sollte, denn die Aufmerksamkeitsspanne der Menschen ist durch die Sozialen Medien nur noch kurz.

Es ist die Überschrift deines Textes, der im sichtbaren Bereich steht. Es geht konkret um Schmerzpunkte der Kund*innen, wie nicht genug Kund*innen oder Umsatz, Angst vor der Technik etc. Wie kann so eine Überschrift aussehen? Dazu ein konkretes Beispiel. Warum hast du dieses Buch gekauft?

„Du möchtest endlich einen Weg finden, um online Geld zu verdienen? Und das ohne ein eigenes Produkt, ohne komplizierte Technik oder zusätzlich Geld in teure Werbeanzeigen stecken zu müssen?“

Oder: „Möchtest du mit Empfehlungen Geld verdienen?“

Oder: „Möchtest du dir online ein Zusatzeinkommen aufbauen?“

Dies sind wohl die Gründe, warum die meisten hier dieses Buch gekauft haben. Denn sie wünschen sich eine Antwort oder Lösung auf diese Fragen.

Wenn möglich, hebe die Überschrift optisch hervor.

Und was kommt nach der Hölle? Na, der Himmel und der fühlt sich schon besser an.

Himmel

Im Himmel geht es darum, gemeinsam mit den Menschen eine Vision und eine Beziehung zu kreieren, indem du eine Lösung aufzeigst.

Ich kann dich zum Beispiel fragen: „Hast du Lust, während des Waldspaziergangs mit Hund und Kind mit Empfehlungen Geld zu verdienen?“

Vermutlich sagst du, auf jeden Fall habe ich Lust.

Ich kann dir dann zum Beispiel erzählen, dass es regelmäßig „Katsching” in meiner digitalen Kasse macht, während ich mit Hund und Kind spazieren gehe.

Cool, oder? Geld verdient, nur weil jemand über einen Link von mir gekauft hat. Optisch kann ich das ganze natürlich hervorragend untermalen, wenn ich ein Bild von Hund, Kind und mir im Wald zeige.

Und das ist wahrscheinlich genau das, was du dir auch wünschst. Und so spricht dich meine Copy an.

Im nächsten Teil geht es um Autorität. Warum bist du die richtige Person, damit der oder die andere aus der Hölle rauskommt?

Autorität

Schau dir dazu nochmal das Kapitel zur Expertise an. Es geht darum, wie du mir glaubst, dass ich dir eine gute und ehrliche Empfehlung gebe, bei der es um dein Problem und nicht um meinen Geldbeutel geht.

Ich kann zum Beispiel Folgendes schreiben:

„Weißt du, ich bin überhaupt keine Technik-Queen, nutze weder Landingpages noch Facebook Ads. Ich verdiene inzwischen mit rein organischem Affiliate-Marketing regelmäßig vierstellige monatliche Summen."

Weil es für mich funktioniert, kann ich dir sagen, wie das geht, und dass es kein Hexenwerk ist. Du kannst es nachmachen.

Im nächsten Schritt kann ich dann dein persönliches Warum ansprechen.

Das Warum der Kund*innen

Hier geht es um das Warum deiner Kund*innen, warum sie dieses Ziel (Himmel) haben. Was das sein kann möchte ich dir an einem eigenen Beispiel mit der folgenden Frage erklären.

„Willst du beim Spazierengehen Geld mit Empfehlungen verdienen?

Mich persönlich haben solche Fragen immer richtig getriggert, weil ich genau das wollte. Ich wünschte mir auch dann

Geld zu verdienen, wenn ich gar nicht offiziell mit der Arbeit beschäftigt war.

Und deshalb ist wichtig zu wissen, was das konkrete Warum deiner Kund*innen ist, damit sie reagieren, weil sie sich persönlich angesprochen fühlen, weil sie es auch möchten.

Kundennutzen

Du musst nun den Nutzen konkretisieren, den ein*e andere*r hat. Und das mache ich zum Beispiel, indem ich meine Geschichte erzähle.

„Vielleicht stehst du da, wo ich vor drei Jahren stand. Ich wollte mir unbedingt einen zusätzlichen Einkommensweg aufbauen. Vielleicht überlegst du auch, wie du das schaffen kannst? Vielleicht hast du auch schon vieles ausprobiert, das meiste hat aber einfach nicht für dich gepasst. Deshalb fragst du dich, ob es für dich wirklich funktionieren kann.

Weißt du, ich habe drei Jahre gebraucht, um dieses Konzept zu entwickeln. Du brauchst dafür keine drei Jahre, sondern kannst das alles viel schneller lernen, wenn du die konkreten Schritte befolgst, die ich dir hier in diesem Buch vorgebe."

Und jetzt kommt das Finale einer guten Copy. Zum Schluss kannst du den sogenannten Call To Action platzieren, das heißt, der Leser soll aktiv werden.

CTA

Der Call To Action soll die Leser*innen dazu bringen, etwas zu tun und aktiv zu werden. (Am Ende dieses Buches habe ich übrigens auch einen „versteckt”.)

Du kannst zum Beispiel schreiben:

„Hier findest du weitere Infos.“

Oder: „Hier kannst du dich anmelden.“

Am besten unterlegst du deine Geschichte mit aussagekräftigen Bildern, denn die sagen mehr als 1000 Worte und verstärken nachhaltig das Bild im Kopf deines Gegenübers.

Ein wichtiger Hinweis an dieser Stelle. Jede Social-Media-Plattform ist eine Diva und wünscht sich, dass du soviel Zeit wie möglich exklusiv mit ihr verbringst. Sie mag es gar nicht, wenn du andere bewusst von ihr weg leitest, indem du wegführende Links platzierst. Prüfe am besten selbst, ob diese Aussage noch aktuell ist, denn die Sozialen Medien ändern sich ständig. Doch während ich dieses Buch schreibe, hätten wegführende Links sofort Auswirkungen auf deine Reichweite. Das heißt, die Diva schränkt sofort ein, wie vielen Menschen dein Post angezeigt wird.

Was kannst du direkt umsetzen?

Kreiere passende Copys für deine Zielgruppe.

Erstelle dazu passende Grafiken, kostenlose Grafikprogramme findest du im Internet.

Poste regelmäßig, anfangs täglich.

Wiederhole die neuen Aufgaben regelmäßig und setze sie um. Setze dir Ziele. Und prüfe, ob du diese erreicht hast.

Umsatz kommt von Umsetzen und von nichts anderem.

WENN DU DAVON
TRÄUMEN KANNST,
KANNST DU ES
AUCH ERREICHEN!
(WALT DISNEY 1901-1966)

Nun habe ich dir Schritt für Schritt gezeigt, wie ich inzwischen monatlich vierstellige Summen mit Affiliate-Marketing von Mensch zu Mensch in sozialen Netzwerken verdiene.

Du hast es geschafft, das war mehr oder weniger der theoretische Teil. Nachdem du nun meine Vorgehensweise mit meinem Affiliate-Geheimcode kennengelernt hast und damit weißt, dass du mit deinen Gedanken und Zweifeln nicht alleine bist, möchte ich dir nun noch weitere Fragen meiner Kursteilnehmer*innen vorstellen, die dir in der Praxis weiterhelfen sollen.

Gratuliere! Diese Punkte hast du bereits geschafft!

Weiter geht's.

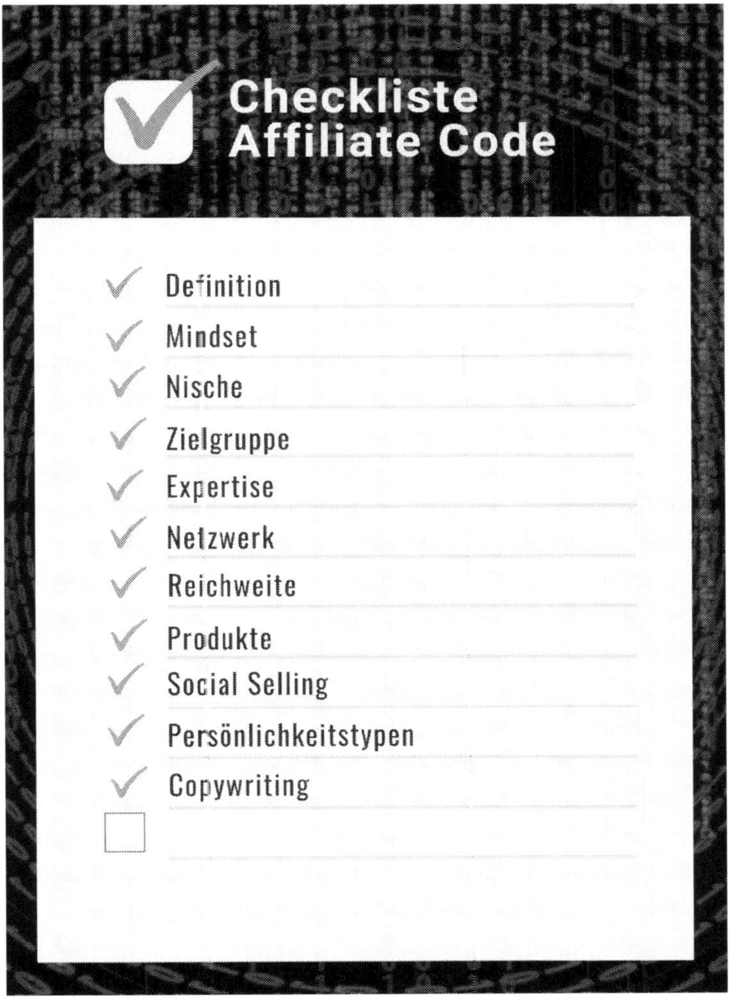

WER WILL, FINDET LÖSUNGEN, WER NICHT WILL, FINDET AUSREDEN

Praxisfragen

Wie kontaktiere ich neue Anbieter*innen, um deren Produkte zu empfehlen und dafür eine Provision zu bekommen?

Stell dir vor, du folgst jemandem, den oder die du vielleicht gerne magst, der oder die ein gutes Programm oder ein gutes Produkt hat, oder vielleicht auch eine geniale Dienstleistung anbietet. Dann würde ich die Anbieter*innen einfach direkt anschreiben, zum Beispiel: „Hey, ich finde deine Dienstleistung absolut genial. Ich kenne viele Menschen, für die das spannend ist, und würde es gerne weiterempfehlen. Wäre das interessant für dich?"

Viele sind bereit dazu, aber kennen das System des Empfehlens vielleicht noch nicht so gut. Deshalb würde ich das direkt ansprechen. Vor allem im deutschen Raum ist das noch nicht ganz so in den Köpfen der Unternehmer*innen angekommen, aber es wird zunehmend normaler. Egal ob Restaurants, Friseur*innen oder Versicherungen, immer mehr Branchen arbeiten mit Empfehlungssystemen.

In der Online-Branche gibt es verschiedene Ansätze. Es gibt Unternehmer*innen, die sagen ganz glasklar, du musst erst mein Produkt kaufen.

Ich persönlich empfehle in der Regel nur Produkte, die ich selbst entweder habe oder bereit bin zu kaufen, weil ich zu diesen eine Verbindung habe. Falls ich es nicht selbst bereits habe, höre ich mir Kundenmeinungen an und stelle mir vor, was mir dieses Produkt bringt und was man damit für ein Ergebnis erzielen kann.

Ich muss ein gutes Gefühl für die Sachen haben, die ich empfehle. Ich gehe nicht auf die freien Marktplätze und picke mir irgendein Produkt raus.

Für mich ist es im Gegenzug auch absolut in Ordnung, wenn mir jemand sagt, dass ich erst Produktkundin sein muss, bevor ich ein Produkt gegen eine Provision empfehlen darf.

Es bedeutet für mich nicht, dass es den Anbieter*innen nur darum geht, dass ich das Produkt kaufe, sondern dass ihnen wichtig ist, dass nur jemand weiterempfiehlt, der oder die das Produkt selbst kennt, und das ist vollkommen okay.

Jede*r hat hier eigene Regeln und oft ist es auch besser, wenn nur Kund*innen mit Produkterfahrung empfehlen.

Mir persönlich ist es übrigens auch lieber, dass mein begleitetes Coaching-Programm „Der geheime Affiliate-Code“ von Teilnehmer*innen meines Kurses empfohlen wird, die bereits eine Weile mit mir gearbeitet haben.

Dort, wo ich heute stehe, muss ich nicht mehr alle Produkte selber haben. Für mich ist entscheidend, dass ich zu den Anbieter*innen des Produkts ein persönliches Gefühl habe und weiß, dass sie darauf bedacht sind, ihr Bestes zu geben. Ich möchte mir nichts mit unbedachten Empfehlungen kaputtmachen. Denn eine Erfolgsgarantie kann dir keiner geben.

Dies ist meiner Meinung nach absolut entscheidend, wenn du dich für organisches Affiliate-Marketing entscheidest.

Denk an meinen Vergleich mit der Bar. Man sitzt da, man lernt jemanden kennen, und entweder fällt man gleich mit der Tür ins Haus, oder man ist bereit, sich näher kennenzulernen, um eine längere Beziehung einzugehen. Für den Anfang einer langen Beziehung wären vielleicht ein, zwei, drei weitere Dates besser, um Vertrauen aufzubauen.

Ich glaube, du weißt, worauf ich hinauswill. Und so denke ich tatsächlich auch bei der Auswahl von Produkten. Denn wer einmal mit einer Empfehlung von mir zufrieden war, wird auch ein weiteres Mal hinhören, wenn ich etwas empfehle. Mir ist sehr wichtig, Beziehungen zu den Menschen aufzubauen und zu hören, wie es ihnen damit ergangen ist. Hauptsache, ich habe daran verdient und der Rest ist mir egal – das gilt für mich nicht.

Noch einmal, der Ansatz des organischen Affiliate-Marketings ist nicht auf Masse ausgerichtet, sondern auf Klasse. Das bedeutet auch, dass ich lieber Produkte empfehle, die mir mehrere Hundert Euro auf einmal einbringen, statt dass die Beträge sich nur so zusammenkleckern, wie häufig im „normalen“ Ansatz. Denn die Energie und die Zeit, die du eingibst, bleibt die gleiche.

Außerdem ist für uns Deutsche der Preis oft ein Qualitätskriterium. Was nichts kostet, wird dann auch als nichts Gutes bewertet. Reflektiere dich da einmal selbst.

Wie geht man mit Einwänden um?

Zum Beispiel, wenn jemand zu einer Empfehlung sagt: Du empfiehlst mir das doch nur, weil du damit Geld verdienst?

Diesen Einwand habe ich selbst gerade anfangs natürlich gehört. Früher wusste ich nicht, was ich darauf antworten sollte.

Zunächst: Für mich gibt es keine Einwände, sondern nur Missverständnisse in der Kommunikation. Wenn du vom Herzen und nicht vom Kopf oder der Brieftasche her empfiehlst, wird dein Gegenüber es spüren und dieser Gedanke entkräftet.

Mittlerweile bin ich da voll bei mir, agiere aus dem Herz und antworte so ähnlich wie: Ja klar, natürlich freue ich mich, wenn ich mit einer Empfehlung Geld verdiene. Würdest du das nicht? Ich möchte auch meine Familie ernähren oder ihr ein schönes Weihnachten bescheren. Vielleicht auch in Urlaub fahren. Logisch möchte ich damit Geld verdienen. Ist das denn falsch aus deiner Sicht?

Du kannst zum Beispiel auch nachfragen, ob dein Gegenüber alles kostenfrei macht. Vermutlich nicht ;)

Zum Beispiel so: Also möchtest du das lieber kostenfrei? Könnte ich gar nicht machen, denn ich empfehle es nur weiter, und um deine eigentliche Frage zu beantworten: Klar möchte ich Geld verdienen.

Frage die Person: Wäre es denn schlimm für dich, wenn ich damit Geld verdienen würde? Viele sind froh über die Tipps, weil sie die ohne mich gar nicht bekommen hätten.

Um dir mit meiner Erfahrung Mut zu machen:

Ich erlebe immer wieder, dass mein Handy „Katsching" macht und ich Geld verdient habe. Aber ich sehe bei Digistore nicht, wer gekauft hat. Das heißt, wenn ich es wissen will, müsste ich die Anbieter*innen anschreiben und fragen, wer über meinen Link gekauft hat.

Ich kann dir aber sagen, ich bekomme von ganz vielen Käufer*innen selbst eine Nachricht. Sie schreiben, Natascha, ich habe gerade über deinen Link gekauft.

Warum machen sie das? Weil sie sich dafür bedanken, dass ich ihnen den Tipp gegeben hab. Einfach dafür, dass sie durch mich darauf aufmerksam wurden, dass es dieses Angebot gibt.

Wir denken in den sozialen Netzwerken immer, wir sind so auf dem Präsentierteller und jeder bekommt mit, was wir machen und anbieten. Wenn du dir den Algorithmus der sozialen Kanäle mal genauer anschaust, ist das immer nur eine Momentaufnahme, wenn irgendwas auftaucht. Wir denken immer, wir haben was gepostet und jetzt haben alle das gesehen und oh mein Gott, jetzt wissen alle Bescheid. Nein, ist nicht so. Deshalb müssen wir Anbieter*innen regelmäßig Marketing machen, damit wir überhaupt wahrgenommen werden.

Und auch dann hören wir immer noch oft genug, wie schade, ich habe es gar nicht mitbekommen, jetzt ärgere ich mich total, weil das Angebot weg ist, ich hätte das so gerne gehabt.

Lass diese Stimmen in deinen Ohren lauter werden. Die Menschen, die sich über eine gute Empfehlung freuen. Ich weiß, dass es am Anfang eine echte Herausforderung ist, aber konzentriere dich auf die, die sich bei dir für den Tipp bedanken.

Wenn du anfängst, die wertschätzenden Worte für dich bewusster wahrzunehmen und dich über sie zu freuen, dann werden die Stimmen der Skeptiker*innen leiser. So trainierst du dein Mindset – Tag für Tag.

Und natürlich wird es genug Skeptiker*innen geben. Oft sind es genau die Leute aus dem engeren Umfeld. Die da gar nichts mit anfangen können. Die sagen: Unter Freunden macht man doch keine Geschäfte. Die es ganz befremdlich finden, wenn du ihnen etwas empfiehlst.

Meine Empfehlung: Lass' sie in Ruhe. Du entwickelst dich weiter und das ist nicht immer das, was gerne gesehen wird. Das wollen wir Menschen oft nicht. Wir sind Gewohnheitstiere. Neues erschreckt und das ist ein normales biologisches Verhalten, das uns zur Sicherheit mitgegeben wurde. Deshalb lass' dich davon nicht abschrecken.

Konzentriere dich lieber auf die, die sagen: Das ist spannend, nur gerade passt es nicht.

Ein Nein heute kann in der Zukunft ein Ja sein. Ich habe schon oft später verkauft, weil ich dann ein weiteres Mal nachgefragt habe.

Verstehe und nutze Sogmarketing, indem du über Dinge sprichst, die du toll findest. Darüber reden, etwas zeigen, das du gut findest, vielleicht von einem Freund, von einer Freundin, von der Kollegin, vom Ehepartner, von der Lebenspartnerin. Andere sehen das und fragen nach. Das kann der leckere Mottokuchen von deiner Freundin sein, den die anderen Mamas auf dem Kindergeburtstag sehen. Und den Kontakt wollen, um sich auch einen Kuchen machen zu lassen.

Das kann man mit allen Dingen tun. Es ist spannend, dass wir uns das so schwer machen, wenn es um ein Produkt oder eine Dienstleistung geht, die Geld kostet. Dabei ist es das gleiche Prinzip.

Wieviel Zeit muss man täglich investieren, um den Affiliate-Geheimcode umzusetzen?

Eine Faustregel gibt es nicht, aber wenn du eine Stunde fokussiert auf deiner favorisierten Plattform verbringst, dann ist das schon mal eine gute Vorgabe. Die meisten verbringen übrigens viel mehr Zeit in den sozialen Netzwerken, aber ohne ein klares Ziel.

Wenn ich auf Facebook fokussiert arbeite, um mein Netzwerk auf- und auszubauen, dann hab ich nur Facebook offen. Dann schaue ich mir zum Beispiel die Profile oder Postings von Menschen an, die ich spannend finde.

Was haben sie gepostet? Worüber sprechen sie und was sind ihre aktuellen Herausforderungen? Wenn ich noch nicht mit ihnen befreundet bin, sie aber spannend finde und mit ihnen zum Beispiel durch Kommentare auf Postings kommuniziert habe, schicke ich ihnen eine Freundschaftsanfrage. Und schreibe mit ihnen weiter auf dem Messenger und lerne sie kennen.

Meine Intention dabei ist, den anderen menschlich besser kennenzulernen. Einfach mal zuhören und Fragen stellen wie:

- Wie geht's dir heute?
- Wie ist dein Tag gewesen?
- Wie läuft dein Leben?
- Was interessiert dich?
- Was ist gerade schwierig für dich?

Diese Fragen kann man auch nebenbei am Handy stellen. Auch wenn du nur kleine Zeitfenster für dich hast, es ist möglich. Lass lieber mal abends die Lieblingsserie ausfallen und nimm dir dafür eine Stunde, um konzentriert am Business zu arbeiten. Diese Stunde wird sich für dich dauerhaft auszahlen.

Wie organisiere ich mich?

Ich selbst nutze Trello, um meine Produkte und meine Affiliate-Links zu organisieren und immer in der App auf dem Handy parat zu haben. Oft meldet sich jemand unterwegs, ob ich diesen oder jenen Link habe.

Mit Trello auf dem Handy ist es für mich leicht, mal eben einen Link zu kopieren und jemandem zu schicken.

Es spielt keine Rolle, wie du es machst, Hauptsache du hast im Bedarfsfall alles parat. Dann kann ich Interessierte nochmals erinnern, falls ein Angebot befristet ist und bald abläuft. Dies geht in zwei Minuten nebenbei, egal, was ich mache. Auch in der Warteschlange an der Supermarktkasse. Mehr als mein Handy brauche ich nicht, um alle notwendigen Informationen rauszuschicken.

Du brauchst kein aufwendiges Tool. Mach es dir so einfach wie möglich, und wenn es eine Notiz in deinem digitalen Kalender ist. Entwickle dein persönliches Konzept, wie es für dich am einfachsten geht.

Wie komme ich mit den Leuten, deren Problem ich vielleicht lösen kann, online am besten in Kontakt?

Für mich ist Verkaufen oder Empfehlen generell immer die Übertragung meiner persönlichen Begeisterung. Wichtig ist, dass du ein Herz für das Thema hast und dass man dies auch deutlich spüren kann. Zum Beispiel mag ich gute Effektkosmetik, denn schließlich möchte ich lieber jünger aussehen, als ich bin. Und so entdeckte ich 2017 die Firma Jeunesse, ein amerikanisches Network-Marketing-Unternehmen, und leistete mir diese hochwertige Kosmetik zu meinem Geburtstag. Damals noch mit dem Gedanken, darf ich mir das persönlich leisten. Was soll ich sagen, ein paar Wochen später sprachen mich Freundinnen an. Ich sähe richtig gut und erholt aus. Wie das käme…

Meinst du, ich habe mich anstrengen müssen, meine Lieblingsprodukte an die Frau zu bringen? Eher nicht…

Fast alle meiner Freundinnen sind von der Kosmetikserie Luminesce und vor allem dem ersten Antiaging-Airbrush

Make-Up NV begeistert, das wirklich jeder Frau (auch so Kalkleisten wie mir) den Sunkissed Teint verleiht und, egal was frau tut, nicht verläuft. Die Stars und ihre Make-Up Artists dieser Welt schwören drauf und selbst Profi-Tanzsportler sind absolut begeistert davon, dass es da bleibt, wo es bleiben soll.

Hier findest du übrigens meinen Webshop, falls du mal stöbern möchtest. Aber Achtung, Suchtgefahr ;)

https://nataschah.jeunesseglobal.com/

Genauso kannst du es auch machen. Zum Beispiel, wenn du Menschen für das Thema Affiliate-Marketing begeistern willst oder Menschen, die sich online einen Einkommensweg aufbauen möchten. Dann kannst du dieses Buch empfehlen, wenn du es magst. Amazon hat natürlich ein Empfehlungssystem.

Das Thema online Geld verdienen hat 2020 einen neuen Höhepunkt erreicht. Auf einmal hat sich der Blickwinkel auch bei denen verschoben, die dachten, sie können ohne. Jeder weiß, ohne online kann man eigentlich fast nichts mehr machen. Wenn wir nicht mehr raus dürfen, wie erreichen wir dennoch Menschen? Die meisten von uns sind jetzt mehr in ihrem Leben eingeschränkt als jemals zuvor.

Und wollen online etwas machen und ihren persönlichen Einstieg bekommen. Und dies geht am besten, indem man sich mit Menschen austauscht.

Ich spreche mit vielen Menschen, und zwar einfach nur, weil ich mit ihnen sprechen und mich austauschen will. Was machen sie in der jetzigen Zeit?

Aus dem Gespräch kann eine Empfehlung entstehen. Aber das ist überhaupt nicht mein Fokus, sondern das entsteht eher beiläufig. Also empfehle ich ganz viel sozusagen im Vorbeigehen. Einfach nur, weil ich davon erzählt habe, aber gar nicht über das Produkt als solches, sondern nur über Ergebnisse, die ich damit erzielt habe. Wie zum Beispiel, dass ich dank Jeunesse Komplimente bekomme.

Muss man auch physische Produkte live vor der Kamera empfehlen?

Ich mache das tatsächlich eher selten. Ab und zu mit meinen Produkten aus meinem Network, Jeunesse und Hajoona, Kosmetik und grüner Kaffee. Und wenn ich es tue, interessieren sich Leute dafür. Meistens lasse ich die Produkte einfließen, wenn ich irgendwas an einem Beispiel erklären möchte. Produktvideos habe ich zu Anfang versucht, das war nicht erfolgreich.

Das heißt, Leute sehen die Produkte bei mir schon mal, weil ich sie mit ins Video oder aufs Bild nehme. Ich mache sie aber eher neugierig, weil ich über meine eigenen Ergebnisse berichte und begeistere, wie zum Beispiel, dass der grüne Kaffee von Hajoona ein wahrer Gesundheitsbooster ist. Falls du den grünen Kaffee gerne einmal bestellen und testen möchtest (einfach kaufen geht leider nicht), hier kannst du dich anmelden:

http://onlinesponsoring.hajoona.com/147B75B7-5304-4D05/tp

Lässt sich dieses ganze Wissen auch auf Network-Marketing übertragen?

Ganz klar: Ja. All dies lässt sich auch für Empfehlungsmarketing in Form von Network-Marketing anwenden. Hier gelten keine anderen Regeln, warum auch? Der Ansatz des Empfehlens von Mensch zu Mensch ist derselbe. Wie es letztendlich umgesetzt wird, das ist unterschiedlich.

Leider erlebe ich bei manchen Vertreter*innen verschiedener Network-Marketing-Firmen die seltsamsten Dinge. Ich werde in Abnehmgruppen eingeladen (eigentlich bin ich gar nicht so dick ;) oder in Gruppen, die mir den neuesten Schmuck oder die beste Kosmetik präsentieren wollen. Oder bekomme ungefragt von neuen Kontakten irgendwelche seltsamen Angebote über den Messenger. Manchmal auch relativ provokante Nachfragen. Das ist wirklich schade.

Ich bin aktuell mit zwei tollen Network-Marketing-Unternehmen verbandelt und benutze und liebe deren Produkte. Und empfehle diese sehr gerne, wenn sich die Möglichkeit ergibt. Und weiß schon seit 14 Jahren, dass diese Branche nicht nur hochwertige und einzigartige Produkte bietet, sondern auch grandiose Möglichkeiten, sich mit geringem finanziellem Einsatz ein eigenes Business aufzubauen. Dies habe ich 2007 zum ersten Mal selbst praktiziert und wenn mir heute jemand sagt, ihm ist ein sogenanntes Starterpaket zu teuer und ein zu großes Risiko, dann hoffe ich nur für die Person, dass sie besser nie selbständig wird.

Mit ungeschickten Taktiken und nerviger Akquise bedient man geradezu stümperhaft die gängigen Klischees und schadet unter Umständen nicht nur sich selbst sondern der ganzen Branche.

Und nun das Gute: Dies kann dir nun nicht mehr passieren, wenn du das Wissen dieses Buches für dich nutzt. Du weißt jetzt, worauf es ankommt, und kannst es besser machen als viele deiner Kollegen und Kolleginnen.

Wie geht man vor, um Menschen (online) anzusprechen und gemeinsame Anknüpfungspunkte zu finden?

Falls du schon mal mit Network-Marketing oder einem Direktvertrieb (Tupper, Vorwerk, Jeunesse, Hajoona etc.) zu tun hattest, sagt dir bestimmt die sogenannte Hunderterliste etwas.

Laut dieser Praxis machst du Folgendes: Du legst dir eine Liste mit hundert Namen von Freund*innen, Bekannten und Verwandten an, die du auf die Produkte und/oder das Vertriebsmodell ansprichst. Viele machen dies dann auch folgsam, starten los und erzählen ihren Freund*innen und Bekannten ganz begeistert von den neuen Produkten, die sie entdeckt haben.

Und da taucht die erste große Herausforderung auf, denn statt dass die Angesprochen die Begeisterung teilen, sind sie skeptisch, kritisch und ablehnend. Und Ablehnung mögen wir Menschen als soziale Wesen gar nicht, denn wir wünschen uns Anerkennung. Und so wird aus der anfänglichen

Begeisterung schnell das Gegenteil: Die Sätze werden monoton, die Energie verliert sich und die Menschen haben das Gefühl, die Leute weichen zurück, man verliert gerade Freunde und macht sich gar unbeliebt in der eigenen Familie.

So solltest du nicht starten, wenn es auch häufig empfohlen wird. Dafür kannst du die Hunderterliste für etwas anderes sehr sinnvoll nutzen. Stelle Fragen wie:

Kennst du jemanden, der das Problem X hat? Ich habe nämlich eine Lösung gefunden. Wenn ja, tust du mir den Gefallen und sagst der Person Bescheid, dass ich mich mal mit ihr unterhalten möchte? Das bedeutet, dass du dir durch deine Freund*innen Tipps geben lässt, wem du ihrer Meinung nach eine Empfehlung geben könntest. So sind sie in einer ganz anderen Situation und können dich unterstützen, wenn sie möchten.

Sprich sie zum Beispiel so an (benutze deine eigenen Worte!!):

Ich möchte dir gar nichts anbieten oder verkaufen. Das ist eh nicht dein Thema. Du kennst mich ja, wir sind schon lange Freunde. Vielleicht magst du mir aber helfen oder hast einen Tipp, denn ich möchte gerne Leuten helfen, die das Problem xy haben, weil ich so gute Ergebnisse damit erlebe.

Was dann passiert, ist oft lustig. Sie sagen, das klingt aber spannend, vielleicht ist das ja doch was für mich. Schick mir mal den Link oder weitere Infos. Und so gebe ich die Infos weiter und lasse sie einfach selbst schauen. Wenn sie dann noch von anderen gute Ergebnisse hören, wollen sie automatisch mehr wissen und kommen auf mich zu.

Wenn man das ein bisschen trainiert, funktioniert es immer wieder. Man muss das Produkt gar nicht mehr empfehlen, sondern es funktioniert mit Sog.

Übrigens: Ich empfehle enge Freund*innen und Familie anfangs komplett raus zu lassen, weil die oft die größten Skeptiker*innen sind.

Diese fragst du besser nach Unterstützung und überlegst gemeinsam mit ihnen, wem das Produkt möglicherweise helfen könnte. Dann nehmen sie eine andere Perspektive ein und schauen mit durch deine Brille.

Welche ersten Fragen stelle ich Menschen, mit denen ich mich online vernetzt habe? Zum Beispiel, wenn ich über den Messenger kommuniziere?

Stelle ganz einfache Fragen zur Person auf der anderen Seite, zum Beispiel:

Wer bist du? Was machst du eigentlich genau? Wie läuft es im Job und vor allem wie geht es deiner Firma? Wie läuft dein Business?

Das sind Themen, die viele Menschen intensiv beschäftigen, denn schließlich hängt ihre Existenz davon ab.

Baue Brücken zu deinem Thema, wenn es passt, ohne mit der Tür ins Haus zu fallen, sondern indem du den Menschen zuhörst.

Haben sie bereits selbst Lösungen für ihre Herausforderungen kannst du zum Beispiel sagen: Ah, das klingt gut. Du hast bereits eine Lösung, super. Wenn nicht, oder wenn sich doch noch etwas änderst, du kennst mich ja jetzt ein wenig. Wir sind in Kontakt.

Natascha, wie hast du dein Netzwerk eigentlich aufgebaut? Hast du wirklich bei Null angefangen?

Die zweite Frage vorweg. Ja habe ich, wie jeder einmal. Ich wollte eigentlich nie an den sozialen Netzwerken teilnehmen aber bin irgendwann mal zu Facebook eingeladen worden. Von meinem heutigen Business-Netzwerk kannte ich niemanden, sondern hatte nur ein paar Freund*innen aus dem wahren Leben. Nicht mehr.

Schau bitte noch einmal in das Kapitel zum Netzwerk. Ich hab dir dort auch die Liste gegeben, die ich selbst anfangs täglich genutzt habe. Anfangs habe ich alle Kontakte dokumentiert und wusste, woher ich sie kannte, was ihr Thema ist, weil ich da irgendwas darüber gelesen hatte. Und so habe ich mein Netzwerk aufgebaut, weil meine neuen Kontakte immer wieder erstaunt waren, was ich in einem ersten Gespräch bereits über sie wusste. Ihr könnt mir glauben, da habe ich unheimlich Pluspunkte gesammelt, weil es ihnen zeigte, dass ich mich für sie als Menschen interessiere.

Dass ich regelmäßig und gerne mit (neuen) Menschen spreche, kann ich heute auch enorm beim Empfehlen nutzen. Und zwar nicht, weil ich ihnen etwas verkaufen will, sondern weil ich mich über nette neue Kontakte freue.

Sobald du dies verstanden hast, fällt der Druck von dir ab und die Gespräche gehen auf eine ganz andere Ebene. Du bist im Herzen und nicht mehr im Kopf.

Ich lese immer, Affiliate-Marketing geht auch schnell und einfach ohne echte Kontakte aufzubauen

Ich finde das die falsche Herangehensweise, aber das ist wie gesagt mein Ansatz. Am Ende des Tages interessieren sich Menschen für echte Kontakte. Und ich glaube, es geht uns allen so. Wenn du mit jemandem sprichst und hast das Gefühl, der interessiert sich nur für dein Geld und nicht für dich, wie geht es dir damit?

Dann bleibst du doch lieber auf Abstand, oder?

Tritt lieber Gruppen bei, die dich wirklich interessieren. Bist du Mutter von Kleinkindern? Dann nimm an Müttergruppen teil und sei aktiv, tausche dich aus und suche dir dann einzelne Mamas aus, die dir positiv auffallen.

Vernetze dich und fange ein Gespräch an, zum Beispiel mit der Bitte, dass die andere Person von ihrem Alltag erzählt.

„Wie schaffst du das alles? Ich habe selber auch Kinder. So und so läuft es bei mir. Wie sieht es bei dir aus? Was machst du, wenn du etwas tun willst und die streiten sich lauthals…?“

Dann wird die Ebene persönlicher, man tauscht sich über das Alltägliche aus und lernt sich kennen. Man kann erfahrungsgemäß innerhalb von ein paar Minuten in einem persönlichen Chat das Gefühl von Verbundenheit und Verständnis entwickeln.

Das Schöne ist, online darfst du wirklich 100% du selbst sein. Du musst nichts anders machen. Du musst nicht nach einem Schema funktionieren oder nach irgendwelchen Vorgaben oder Skripten arbeiten, sondern du darfst ganz du selbst sein. Und so, wie du in die Welt gehst, bist du okay. Menschen mögen echte Menschen und online ist Authentizität das neue Sexy. Habe den Mut, sichtbar zu werden, nach draußen zu gehen, dich zu zeigen, so wie du bist.

Soll ich auf Facebook eine eigene Nischen-Gruppe gründen, um Interessierten spezifische Lösungen anzubieten?

Eine spannende Frage und eine passende Antwort dazu. Wenn du Spaß daran hast, dich um eine Community, um eine Gemeinschaft zu kümmern und auch regelmäßig aktiv sein möchtest, kannst du das auf jeden Fall tun.

Wenn du sie nur aufmachst, um Menschen hineinzubekommen, denen du ohne echtes menschliches Interesse begegnest, funktioniert es wahrscheinlich nicht. Wie gesagt: Es geht bei meinem Ansatz um Klasse statt Masse. Ich kenne Influencer*innen, die eine Riesenzahl an Followern haben. Die wenigsten aber haben echte Verbindungen zu ihnen.

Das heißt, viele Menschen, die dir folgen und die du irgendwo in einer Community parkst, bringen dir nicht viel. Wenn die weder das Engagement haben, sich mit dir auszutauschen, noch sich in irgendeiner Form persönlich gesehen fühlen oder in einer Gemeinschaft unter Gleichgesinnten. Wenn du aber Lust und Spaß daran hast, eine Gruppe aufzubauen, wo sich Gleichgesinnte zu einem Thema finden, die sich dort mit dir und untereinander austauschen können, dann ist das super.

Es kann schnell sehr gut funktionieren. Stelle Fragen, zeige Interesse an den Menschen, verbinde dich mit ihnen. Viele meiner Kund*innen machen das über Gruppen und haben damit unglaublich gute Erfolge.

Bei einer Gruppe solltest du mit Herz dabei sein und eine klare Strategie haben. Weil es inzwischen so viele Gruppen gibt, ist es wichtig, sich abzuheben. Es bringt nichts, Menschen einfach nur einzuladen, die dein Thema nicht interessiert und die sich nicht einbringen wollen.

Vor allen Dingen unterschätze nicht, wie viel Zeit und Energie du am Anfang in eine eigene Gruppe stecken musst. Denn von alleine geschieht da nichts.

Ich führe selbst Gruppen und daher weiß ich, wieviel Energie diese am Anfang erfordern. Läuft die Gruppe einmal, birgt sie eine Menge Potenzial. Dies solltest du im Kopf behalten.

Ich persönlich liebe Community-Management, aber es ist nicht jedermanns Sache. Da musst du in dich rein spüren.

Denn es gibt wirklich genug Facebook-Gruppen, wo nichts passiert.

Deshalb meine Empfehlung: Setze die Energie in die persönliche Kommunikation, dies bringt dich deutlich schneller zum Ziel. Wenn du mit deinem Bekanntheitsgrad einen Schritt weiter bist und genug Leute kennst, die ein ähnliches Thema bewegt, dann ist eine eigene Gruppe spannend. Bedenke aber immer, du bist auch Entertainer*in deiner Gruppe und dafür verantwortlich, dass da genügend Aktion ist. Die anderen Teilnehmer*innen machen in der Regel anfangs nichts.

Wie komme ich mit den Menschen in Gruppen in Kontakt?

Ganz einfach dadurch, dass du in der Gruppe aktiv bist, dich an Diskussionen beteiligst, Ratschläge postet, Fragen stellst, zu den Posts kommentierst und dich dort mit für dich spannenden Menschen verbindest. Die findest du, wenn du dir die Profile der Teilnehmer*innen anschaust. Einfach mal auf das Profil klicken, herausfinden, wer das so ist und danach entscheiden.

Eine gemeinsame Gruppe kann ein wunderbarer Türöffner sein, indem du eine Freundschaftsanfrage schickst und dazu schreibst, dass ihr in einer gemeinsamen Gruppe seid.

„Hallo xy, wir sind in derselben Gruppe. Wir haben uns auch schon mal in einem Kommentar ausgetauscht. Ich würde mich über eine Vernetzung freuen."

Und dann im zweiten Schritt persönliche Fragen stellen, die du im wahren Leben einer neu kennengelernten Person stellen würdest.

- Was machst du sonst eigentlich?
- Was interessiert dich in der Gruppe besonders?
- Was sind deine Wünsche oder Träume?

Umso mehr Interesse du am Gegenüber und an Menschen allgemein hast, umso einfacher wird es für dich später, Kontakte aufzubauen, bei denen du auch Empfehlungen aussprechen kannst.

Es gibt so viele spannende Gruppen, wo du mal schauen kannst, wie andere das, ich nenne es mal, smart machen. Mit Menschen sprechen, Ratschläge geben, so dass andere auf dich aufmerksam werden und anfangen dir zu folgen.

Wenn du etwas zum Thema Geld verdienen empfehlen möchtest, würde ich dir die reinen Einkommensgruppen auf Facebook nicht empfehlen, weil dort oftmals nur die Angebote eingestellt werden und kaum noch einer darauf reagiert. Die meisten, die so vorgehen, denken immer noch, mit ein paar Beiträgen macht man viel Geld und muss nie wieder arbeiten. Die Zeiten sind schlicht und einfach vorbei.

Ich habe Probleme, Produkte zu empfehlen, wenn ich sie selbst nicht kenne. Hast du einen Tipp dafür?

Du sprichst etwas ganz Wichtiges an. Die Gewissheit, dass du hinter einem Produkt stehen kannst, ist eine Grundvoraussetzung für erfolgreiches Empfehlen. In dem Moment, wo du selber unsicher bist, merkt man das.

Die Lösung: Entweder das Produkt selbst kaufen oder dich in die richtige Energie bringen, weil du siehst, was andere mit dem Produkt erreicht haben.

Willst oder kannst du es selbst nicht kaufen, stell dir Fragen:

- Was macht das Produkt besonders?
- Wem hilft es?
- Welche Ergebnisse erzielt es?
- Welche Erfahrungen berichten andere?
- Für wen ist es geeignet?

Wenn du dich mit den Fragen auseinandergesetzt und Antworten hast, weißt du, wem du es empfehlen kannst.

In der Onlinewelt kannst du auch versuchen, dich mit demjenigen auszutauschen, der das Produkt hergestellt hat. Sprich den oder die Anbieter*in einfach freundlich an, ob du zum Beispiel für kurze Zeit Zugang zu einem Programm bekommen oder das Produkt ausprobieren kannst, um dir dein Urteil zu bilden. Als Anfänger*in ist das sicherlich etwas schwieriger, aber wenn du höflich und nett anfragst, Begeisterung für das Produkt zeigst und sagst, du kennst viele Leute, für die das interessant sein könnte, dann hast du gute Chancen. Im schlimmsten Fall kaufst du es selbst.

Wenn dir zum Beispiel dieses Buch gefällt, kannst du es gerne anderen weiterempfehlen, wenn du bereits das Amazon Affiliate-Programm nutzt.

Suche dir am Anfang am besten nur zwei oder drei Produkte, die du gut findest, die du dir selbst kaufen würdest oder im Idealfall selbst kaufen möchtest. Ich habe mir schon häufiger ein gekauftes Produkt durch meine Empfehlungen wieder zurück verdient.

Heute kann ich selbst auch mehrere verschiedene Produkte gleichzeitig empfehlen, die ich gut finde. Dies funktioniert, weil die Menschen mich und meine Arbeit inzwischen kennen. Für jemanden, der am Anfang steht ist der Fokus auf ein oder zwei Produkte die bessere Empfehlung.

Ich kann keine Garantie für das erwünschte Ergebnis geben. Kann ich das lösen?

Nein, das kannst du nicht lösen. Das kann ich aber auch nicht. Ich kann dir auch nicht garantieren, dass du ein ähnlich gutes Ergebnis mit organischem Affiliate-Marketing erreichst wie ich. Auch, wenn ich dir all meine Geheimnisse verrate.

Du kannst zum Beispiel sagen: Nein, ich kann gar nichts garantieren. Ich weiß nur, das ist ein gutes Programm. Mir hat es geholfen. Ich habe die Erfahrung selbst gemacht oder von anderen darüber gehört. Probiere es doch einfach selbst aus. Die meisten Programme haben eine Geld-zurück-Garantie. Schau rein und entscheide.

Und mit der Zeit kann jede*r für sich herausfinden, ob das Thema für einen selbst spannend ist.

Ich hatte diese Gedanken auch immer mal wieder, habe überlegt, kann ich dieses Produkt wirklich dieser Person empfehlen?

Heute weiß ich: Ich kann keinen hundertprozentigen Match garantiere. Das ist nun mal so, aber das ist auch so, wenn eine Freundin mich fragt, ob ich einen Friseur empfehlen kann.

Wenn ich meine Lieblingsfriseurin empfehle, mit der ich seit Jahren total zufrieden bin, kann es sein, dass meine Freundin dies nicht ist, obwohl ich da immer total happy rauskomme. Ich habe aber trotzdem mit bestem Gewissen diese Empfehlung gegeben. Im Idealfall passt es. Und sonst muss man halt sagen: Ich habe positive Erfahrungen gemacht, es ist schade, dass es bei dir nicht so war.

Und ja, das ist dann einfach so. Dann kann ich beim nächsten Mal noch schärfer nachdenken, wem ich meine Friseurin empfehle, weil ich ja super zufrieden bin. Das ist auch für mich ein Lernprozess.

Sprich über deine eigene Erfahrung, die du mit dem Produkt oder der Dienstleistung gemacht hast. Am Beispiel des Affiliate-Marketing:

Ich freue mich gerade riesig, weil ich dabei bin, mir online ein zusätzliches Einkommen aufzubauen, und das scheint schon richtig gut zu funktionieren.

Und wenn du diesen Satz einfach so fallen lässt und nichts weiter sagst oder schreibst, fragen Leute von allein, wenn sie neugierig sind.

Du kannst aber auch von der Erfahrung anderer Menschen aus deiner eigenen Perspektive erzählen: Ich bin grade in einer Gruppe und arbeite dort mit Natascha und Eva zusammen und die haben ganz tolle Erfahrungen gemacht. Ich bin selbst noch dabei, das alles kennenzulernen… und du erzählst einfach ein wenig von dem, was passiert. Ein Blick hinter die Kulissen wird das genannt, wenn man ein bisschen weiter ist.

Und dies funktioniert sehr gut und du musst dir gar nichts ausdenken.

Wie gesagt, empfiehl Dinge, die du wirklich magst, dann machst du dir auch keine Gedanken, wenn der andere es nicht so sieht. Wenn dir dieses Buch gefällt, wirst du es gerne empfehlen. Im Idealfall gefällt es dann auch dem anderen.

Ist es nicht nach deinem Geschmack, dann empfiehl es ganz einfach nicht.

Wie verhält man sich in geschlossenen Communities, wie zum Beispiel Facebookgruppen, in denen keine Werbung erwünscht ist?

Ganz einfach: Tue es nicht. Es ist wichtig, dass du die Regeln der anderen respektierst. Es ist ihr Raum und der ist geschützt. Zumal andere dies als negativ wahrnehmen würden.

Gib in Gruppen Tipps auf eine freundliche und wertschätzende Art, also dass du etwas liest und dazu eine Lösung weißt. Die Menschen freuen sich, wenn sie gut gemeinte Ratschläge bekommen. Auf einmal entsteht ein Austausch. Und auf einmal tut es gar nicht mehr so weh, dass du auf Menschen zugehen musst. Denn du brauchst gar nicht auf sie zugehen, sondern kommst einfach mit ihnen in ein lockeres Gespräch, wo es dann weitergehen kann.

Schau dir dazu bitte noch einmal die Kapitel zur Expertise und zu den vier verschiedenen Persönlichkeiten an und wiederhole sie.

Wie wende ich das System an, wenn ich nicht mein eigenes Produkt verkaufe, sondern das eines anderen? Expert*in bin ja in dem Fall nicht ich als Produktvermittler*in, sondern der oder die, die das Produkt verkauft.

Wenn du ein Produkt selbst erfahren hast, wie z.B. die Teilnehmer*innen aus meinem Kursprogramm zum Affiliate-Code, kannst du darüber natürlich einfacher berichten. Und bist für andere „Expert*in".

Deshalb ist meine Empfehlung: Beschäftige dich soweit es dir möglich ist mit einem Produkt, schau dir Erfahrungsberichte an, frag Kund*innen und kontaktiere Anbieter*innen. Das trägt nach und nach die Informationen zusammen, die dir eine persönliche Einschätzung ermöglichen. Frag auch Menschen, die auf deine Empfehlung hin gekauft haben.

Setze lieber auf Klasse statt Masse, vor allem am Anfang. Dann wirst du umso eher Erfolg haben.

Hilft es dabei, als Expert*in in einem bestimmten Gebiet wahrgenommen zu werden, wenn ich auf meinem Profil immer wieder thematisch zu meinen ausgewählten Affiliate-Produkten poste und mein Expertenwissen bekannt gebe?

Ja, unbedingt. Und irgendwann solltest du auch einen grafischen Post mit strategischem Copywriting machen, in dem du auf dein Affiliate-Produkt hinweist.

Aber am Anfang ist die persönliche Kommunikation via Messenger noch viel erfolgreicher.

Gibt es eine Empfehlung zum Verhältnis zwischen allgemeinen inhaltlichen und informativen Posts und Produktwerbung?

Das kommt darauf an, wieviel du insgesamt postest. Aber der private Anteil sollte immer überwiegen. Von Facebook aus darf das Profil eigentlich nur für private Inhalte genutzt werden und alles rund ums Business sollte auf eine sogenannte Fanpage. Aber noch wird es akzeptiert, wenn es anders gemacht wird. Wie es zukünftig sein wird, werden wir sehen.

Ich würde so gerne, aber ich traue mich einfach nicht. Dabei habe ich selbst schon oft und gerne über Empfehlungen gekauft.

Erinnere dich an die konkreten Lebensumstände zurück, die dich damals dazu gebracht haben, einen bestimmten Kurs zu buchen oder ein Produkt zu kaufen. Was genau war der Auslöser dafür?

Schreibe dir all diese Gedanke auf. Denn genau diese Gedanken beschäftigen auch dein Gegenüber, das vor einer vergleichbaren Entscheidung steht. Und das wird dir helfen, dich zu trauen.

Ich gehe sogar einen Schritt weiter: Wenn ich anderen mit einer Empfehlung die Möglichkeit auf Erfolg oder Problemlösung bieten kann, dann ist es meine moralische Pflicht, ihnen zu helfen und ihnen dieses Produkt zu verkaufen.

Und zum Schluss möchte ich dir noch die ‚Wissensperlen' meiner Kursteilnehmer*innen auf den Weg geben. Erkenntnisse, die für sie den nächsten Schritt bedeutet haben.

„Wir kommunizieren alle anders. Wenn wir identifizieren, was für einen Persönlichkeitstyp wir vor uns haben, können wir in ‚seiner' Sprache reden und haben bessere Chancen, verstanden zu werden."

„Organisches Empfehlen beinhaltet regelmäßig Kontakte zu pflegen, das eigene Netzwerk auf- und auszubauen und sein Kontaktliste zu pflegen."

„Es ist sinnvoll, ‚social' zu sein, also mehrmals täglich Likes zu verteilen und längere Kommentare als nur ein, zwei Wörter zu verfassen, um den Algorithmus der Plattform für sich arbeiten zu lassen."

„Wenn ich weiß, mit welchem Menschentyp ich mich gerade unterhalte, weiß ich, welche Informationen für ihn wichtig sind."

„Jede*r ist anders und findet seine oder ihre eigene Strategie. Das ist okay, denn man kommt mit den Leuten in Kontakt, zu denen genau diese auch passt."

„Es ist wichtig, ganz ohne Hintergedanken für mich interessante Kontakte zu knüpfen und nicht mit dem Fokus, etwas zu empfehlen."

„Am einfachsten ist es, etwas zu empfehlen, wenn man mit Menschen persönlich gesprochen hat."

„Die eigene Kontaktliste muss eine dynamische Liste sein, die ständig gepflegt wird. Leute dürfen auch wieder raus gehen, wenn z.B. eine Basis geschaffen ist und man weiß, wer die Person ist."

„Über Facebook-Stories kann man herausfinden, was am häufigsten angeschaut wird und was die Leute am meisten interessiert. Als Tipp: Bitte nicht zu oft Werbung. Lieber eine persönliche Faustregel aufstellen, wie zum Beispiel auf 20 private Stories eine Werbung."

„Fürs Empfehlen und Verkaufen gibt es viele Wege! Man muss herausfinden, was für einen selbst stimmig ist. Jede*r darf es auf seine oder ihre Art und Weise machen und jede*r erreicht mit seiner oder ihrer Art und Weise auch andere Kund*innen (manche fühlen sich von meiner Art angesprochen und andere eben nicht)."

„Es hilft, die Menschen in den verschiedenen Tierbildern (Delfin, Wal, Hai und Eule) zu sehen, dann weiß man auch, wie man mit ihnen umgeht, ist auf einer Ebene und kann ihnen auch wirklich weiterhelfen."

Nun sind wir wirklich am Ende angekommen. Ich möchte mich bei dir bedanken und hoffe, dass du mit meinem Affiliate-Geheimcode deine gesteckten Ziele erreichst.

Und besonders würde ich mich freuen, wenn du mir eine Rezension für dieses Buch auf Amazon schenkst. Wenn sie gut ist, umso besser, jedoch ist mir auch bewusst, dass ich nicht jeden Nerv treffen werde. Und nur so werde ich besser!

Und nun eine letzte Bitte zum Schluss. Nutze das Buch nicht, um deinen Bücherschrank zu füllen, sondern mache dich auf deinen Weg, damit du den geheimen letzten Punkt auf meiner Checkliste auch noch abhaken kannst.

Und der wäre: Es hat „Katsching“ gemacht und du hast mit einer Empfehlung Geld verdient.

Gratuliere! Du hast es geschafft!

Und wenn du noch mehr über Affiliate-Marketing von mir lernen möchtest, kannst du dich auf meiner Webseite www.nataschaheistruevers.com in meinen Newsletter eintragen, wo es genau um diese Themen geht: wie du erfolgreich online Geld verdienen kannst – und das natürlich stilvoll ;)

Hier geht es zum Workbook:

https://nataschaheistruevers.com/dein-geschenk/

Wenn Dir das Buch gefallen hat,
dann freue ich mich über Deine Rezension auf
Amazon.de!

Printed in Poland
by Amazon Fulfillment
Poland Sp. z o.o., Wrocław

71247088R00078